働かない

河本真

働き方。

まえがき

こんな時代だからこそ必要以上に働かない

想像してみてほしい。

お金を稼ぐために働くのは、今日で終わりだと。

毎日2、3時間だけお気に入りのカフェに出向いて、濃密な仕事（「未来づくり」と私は呼んでいる）をこなし、午後からは好きなことしかしない――。

こんな毎日が間もなくはじまるとしたら？

断言するが、この本でお伝えする「働かない働き方」を知っておかなければ、あなたは間違いなく損をする。

それは経済的なことだけではない。人生単位での話だ。事実、「働かない働き方」を実践している人たちは、すでに豊かな収入と目的のある人生を手に入れている。

それにしても私たちは、なぜ働くのか。

働く理由は人それぞれに違うだろうが、「お金を稼ぐために働いている」というなら、その考えは今すぐにでも捨てるべきだ。働き方改革が叫ばれ、労基法も改正されようという今この時代は、チャンスがあふれている。

かつてないほど簡単に仕事を見つけて働くことができるし、アイデアひとつで大きな成功を収めることもできる。

こんな時代は、必要以上に働かないことだ。

働くことは、いつでもすぐにできる。

それよりも「働かない」と決めることで、働くこと以外で、大事なものを得ることだ。それは家族との時間だったり、あるいは新しい世界の発見だったりだ。

必要以上に働かないことで、もっとも貢献できるようになるのは家族に違いない。ゆとりができることで、時間をかけて語り合ったり、今後の計画を立てたり、地球を一緒に探検したりできるようにもなる。

そして、そうなるには、働くルールを書き換えることがはじめの一歩となる。

コールドプレスジュースのように濃く、ジワジワと効いてくる働き方

本書の目的は2つある。

ひとつは、働くということについてじっくり考えてもらうことだ。もちろん、人によってその定義やイメージは違うだろう。

だが、あなたが持っているその「働く」という定義やイメージが、本当にあなたにマッチしているのかは別の話だ。

自分の働き方や働くという行為そのものを見直したり、じっくり考えたりする機会はあまりないかもしれない。それでも、働くという行為が、私たちの生活に大きな影響を及ぼしているのは間違いのない事実だ。

理想形として提案されている、あるいは世に出まわっている働き方に対するイメージはあまりに偏っているので、ひょっとすると、あなたは働くことに良いイメージを持てなくなっているかもしれない。

今、理想とされている働き方は、使命やミッションなどを持って会社に貢献する

「第一主義的な働き方」(自分の幸せは無視)と、セミリタイアや不労所得などで人生を楽しむというような、人によっては罪悪感を持ってしまう「自分主体な働き方」（世の中への貢献は無視）のふたつだ。

どちらも目指すべき先としては悪くないし、理想形としても最高だ。だが、これらを相反させる必要はない。世の中に貢献するという社会主体のゴールと自由を満喫するという個人主体のゴール。双方を同時に実現する働き方もあるはずだ。

これこそが「働かない働き方」のことだが、実際、私は双方を満たす働き方を実現している。この働き方のおかげで、私の人生の時間は最高にゴキゲンであり、そして濃厚だ。

本書を通して、あなたにとっての働き方を最高のものにアップデートしてもらえればと思っている。

繰り返しになるが、働くという普遍の行為をこれまでと違った視点で見つめることで、あなたならではの「働かない働き方」の答えを出してもらうことが、本書のひとつ目の目的だ。

そして、本書のふたつ目の目的は「働かない働き方」を手に入れてもらうことにある。

働かない働き方を実現することは、けっして難しいことではない。

莫大な資金が必要なわけでなく、豊富な人脈が必要なわけでもない。「独立しよう」「起業しよう」などと大仰に考える必要もない。

実際に会社勤めしながら、スモールビジネスを立ち上げて「働かない働き方」を手に入れた人もいるし、社会人経験がまるでなかったところから、旦那さんの給料以上の収入を得るようになった主婦もいる。

私にしても、ホリエモンのように多数のプロジェクトをこなして多くの若者に影響を与えているわけでもなく、孫さんのような大会社を経営して日本経済に大きなインパクトをもたらしているわけでもない。

だが、それでも会社員の平均年収の数十倍を得て、ストレスから解放された毎日をエンジョイしている。

「働かない働き方」はコールドプレスジュースのように濃く、ジワジワと効いてくる。だから、大仰に考える必要などないし、今の時代はそれで十分だ。

人生を謳歌しながら最大限に貢献する

本書は、以下の三部構成になっている。

第一部が「働かない働き方を実現するための17のリスト」だ。

これは「問い」に近い。普段あまり考えることのないことに脳を使うことで、働き方の定義やイメージをアップデートしてもらうことが狙いだ。

第二部は「問い」に対する「答え」になる。もちろん答えはひとつではないが、本書で提案している「働かない働き方」を実現するためのテクニックやノウハウを綴っている。

いわば、これからどうやって「働かない働き方」を実現していくのかという具体的な方法だ。万人共通の働き方などはないが、その組み立て方やアンテナの張り方、ビジネスモデルのつくり方など参考にしてもらえればと思う。

そして、第三部では「働かない働き方」を実現する最大の鍵となる「付き合うべき人」について詳述している。

仕事をするうえで、クライアントやお客様、パートナーや取引先との付き合いは必要不可欠だ。付き合い方を意識するだけで、あなただけでなく、パートナーやお客様も余計に働かなくてよくなる。その秘訣をたっぷりとお伝えしているので、楽しみにしていただきたい。

断っておくが、本書は「一切働かないで引退する方法を教えよう」「一発ドカンと儲けてリタイヤしよう」などということをもっともらしく伝える類の本ではない。

今の時代の恩恵を活かし、自由な人生を謳歌しながら、世の中に最大限に貢献する働き方を追求するための本だ。

自分なりの新しい働き方のイメージを持ち、そしてそれを実現するために、新たな気づきとイメージを得るという知の快楽を味わいながら読み進めていただければと思う。

それこそが、あなたの「働かない働き方」をサポートしてくれることになる。

もくじ

第1部 働かないための17のリスト

第2部 働かない働き方を可能にするビジネスモデルのつくり方

STEP3
全自動マーケティングの実践法
197

第3部　働かない働き方を実現する人の選び方

第1部
働かないための17のリスト

1

仕事という言葉を使わ「ない」

私は「仕事をしている」という言葉を意識的に使わないことにしている。なぜなら「仕事」という言葉がもたらすイメージが好きではないからだ。

忙しい、スーツ、残業、付き合い、命令、単調な作業、上から目線……。日本社会で育った私は残念ながら、仕事という言葉に対して良いイメージが、どうしても湧いてこない。

だから、コンビニでアルバイトをしていた19歳のときに、仕事という言葉を使わないように強く誓った。

コンビニのアルバイトでは、決められた作業をひたすらこなすだけだった。クリエイティブな何かは求められず、与えられたタスクをいかに丁寧かつ確実に遂行することが任務だと私は捉えていた。

頼まれたタスクは、その意味合いや目的を全力で考えながら、いち早く遂行するようにした。そのため、予定よりも早く終わることばかりだったが、時給制だったので、作業を終えた後も職場にいなければいけなかった。

貧乏性な私は「次は何をすればよいでしょうか」と店長に尋ねたが、回答は決まってこれだった。

「次のバイトの子がやってくれるから、終わるまで待っていて」

このとき、「束縛」と「不自由さ」を猛烈に感じたのだ。

時給制を通して雇った私という「資源」を無駄にしている。これがまず感じたことだったが、後に、仕事に対するイメージや価値観が人それぞれ違うことが、このことの根本的な原因だと気がついた。

つまり、私にとってアルバイトで働くという行為は、ただ自分の時間を差し出して、金銭的リワードを得るだけの行為ではなかったのだ。

このときの私にとっての仕事は、限られた時間で、いかに与えられたタスクを最速のスピードで丁寧に、確実にこなすことだった（レジでの接客も含めて）。

同じアルバイトでも、お金だけを目的にして「早く時間が過ぎればいいや」と思う人もいれば、「時間内で何ができるか」を考えて、そこに達成感を覚える人もいる。

当たり前だが、アルバイトであろうと、**どんな意味合いを持って、その時間を過ごすかで得られるものは変わり、その集大成である未来も大きく変わる。**

「今日はバイト！　ダルイけど頑張るわ」

これでは最高のパフォーマンスが発揮されるはずはないし、楽しめることもない。

「今日は店長のために最高のパフォーマンスを発揮しよう！　お金をいただいて、スキルも上げるぞ」

アルバイトだろうと、このように捉えられたら大きく成長できるだろう。

この両者で時間の質は大きく異なる。

だから、私はほぼ毎日おこなう「働く」という行為を「仕事する」と言い換えないようにしているし、なるべくこの表現を使わないようにしている。

もちろん、「仕事」という言葉に良いイメージを持っているなら、この言葉を使わないことを無理に選択する必要はない。

ただ、もし、この言葉を使った瞬間、ネガティブなイメージが湧いてくるのであれば、一刻も早く「仕事をする」という言葉を卒業したほうがいい。

私はもっとエキサイティングでありたいし、毎日何かしら付加価値を生み出したい。従業員やお客様、自分の未来がすべて楽しく満足できる仕組みをつくるイメージを持っているので、この言葉は相性が合わなかった。

だから、仕事という言葉よりももっとパワーがあり、エキサイティングでアイデアを湧かせてくれる言葉を意図的に使うようにしている。

それは「仕組みづくり」であったり、「クリエイティブワーク」であったり、「未来づくり」であったりだ。

私にとっての仕事は、日々を過ごすためのものではない。私と私が意識した人（それはお客様であったり、チームであったり、仲間であったり）の時間をさらに良くする仕組みをつくるためのものだ。

そう、仕組みだ。

仕組みなので、一度つくったら自動的にその仕組みが働いてくれる。結果、私の時間は増えるし、年々、自由になっていく。

この表現のおかげで、私の時間は劇的に変わった。言語を通して思考している私たちにとって、どんな言葉を使うかは非常に大事であるし、こだわるべきだ。


あなたにとって、「仕事」とはどんな行為だろうか。

その行為の先に何があるだろうか。
そして、「仕事」を通して何をつくりたいのか。
どんなインパクトを世の中に与えたいのか。
ぜひ、一度考えていただきたい。

Think!

□あなたにとっての「仕事」とは何だろうか?

□誰のためのものだろうか?

□何のためのものだろうか?

□あなたの人生にとって、「仕事」はどのような ポジションなのだろうか?

2

午前中しか仕事し「ない」

私は週21時間以上働かないルールを自分に課している。これは土日など、いわゆる休日も問わない。むしろ、土日のほうがはかどることも多い。

基本的には1日3時間以上働くことはないし、ほぼ午前中だけでいわゆる「働く行為」を終える。

「それは河本さんのビジネスモデルだからできるのでは?」

そう言われることもあるが、そんなことはない。このような働き方は、実は今の時代、誰でも実現できる。

その具体的な理由と私の午前中の時間割についてはこれからお伝えしていくが、最初に正直な話をすると、私の物理的な働く行為は午前中だけだが、脳は24時間働きっぱなしである。

つまり、午後は働かないというのは本当でもあり、嘘でもあるのだ。

どういうことかというと、いわゆる職場にいる時間は午前中だけだが(私の場合はホテルかカフェが多い)、あるテーマや課題を常に脳に与えているので、午後からはビーチ沿いで昼寝をしたり、ドライブしたり、公園でチビと遊んでいたりしていても、実質、脳は勝手に「働いて」いるのだ。

これは誰もが持っているシステムであり、脳の機能を活かした「働かない働き方」の秘密でもある。

私たちの脳はスーパーコンピュータであり、投げかける質問に答えを自動的に導き出してくれる機能を持っている（潜在意識の働きである）。


たとえば、「そういえば、小学2年5組にいたマドンナ的存在って誰だっけ？」などと自分に質問すると、その瞬間に答えは出なくとも、数日後には「それは山田花子だよ」などと勝手に答えを出してくれるのだ。

そのタイミングは、人によって異なるが。

ランニング中かもしれないし、シャワー中かもしれないし、もみあげの手入れをしているときかもしれないが、とにかく必ず答えを導き出してくれる。

これはものすごい機能だ。

なぜなら、ただ自分に問いやテーマを与えておくだけで、自動的に働いてくれるからである。しかも、このシステムは量に制限がない。いくつテーマや質問があっても断られることはなく、脳が自動で処理をしてくれる。

多くの方は、この機能を軽視しているが、実はこのシステムはとてつもない可能性を秘めていて、私はこのシステムを最大限に活用することを意識している。

つまり、午前中には、このシステムを使う動作を入念におこなっているのだ。

やるべきことはシンプルだ。今の自分にとっての課題や問題を書き出して、「どのようにしたいのか」を意識的に、具体的に書き出すだけだ。

たとえば、次のような感じだ。

●今の課題と問題――アポの予約が今月だけ30%少ない
●理想や望ましい姿――アポを前月比で150%アップさせたい

このように、現状と望ましい姿を可視化させるだけで、脳はこの手段を見つけ出してくれる。

今の時代は、第1次産業である農業や林業、漁業がメインの時代とは違い、第3次産業（金融や保険、卸売り、小売、サービス業、情報通信業など）までもが「働き方」として存在する時代だ。いわば、選択可能な時代である。

そして、近年は第4次産業（情報産業、医療産業、教育サービス産業など）まで登場し、時代は大きく変わった。

当然ながら、これに合わせて私たちの「働き方」もアップデートさせなければならない。

第2次産業までは、労働者として時間を拘束されたなかで、主に身体を使って働くことが労働であり、「働く」行為（ブルーカラー）だったが、第3次産業以降は汗水を垂らして（身体を使って）働く働き方ではなくなり、いわゆる「ホワイトカラー」と呼ばれる頭脳労働にシフトしていった。

つまり、クリエイティブやセンスなど、右脳的な働き方が求められるようになったのだ。第3次産業以降の仕事に従事している人は、いかに質の高い、ズレのないアイデアを出すかで、ビジネスの安定度や拡大度が決まってくる。

だから、私はあえて働かないようにしているのだ。

いつも同じ場所で同じ人と接しながら、いわゆる使い慣れたパソコンとキーボードが目の前に置かれた状態では、脳がクリエイティブな作業をしてくれることは極めて少ないと感じているからだ。

いわゆるデスクワークの時間を極限まで減らし、なるべく脳が空っぽで、常にクリエイティブが発揮される状態を意図的につくっている。

午後からは、サーフィンをしたり、ダンスをしたり、楽曲を探しに出かけたり、家族で美しい景色を見たりなどしているのも、そのためだ。

脳には常に自分に対して与えた何かしらのテーマや課題があるので、サーフィンやダンスを楽しみながらも、潜在意識は働いてくれている（働いてしまっている）。

遊んでいる（働いていない）という働き方を最近の言い方にするなら、働き方3・0と言っても良いかもしれない。

もし、あなたが頭を使って働く業界にいる場合は、大きく働き方を変えることも不可能ではない。

とくに私のようにインターネットさえあれば、働ける環境にいる場合は、「あえて働かないように」したほうがクリエイティブになり、その結果、働かなくても働いてしまうことになるだろう。


働く行為をやめることを言い換えると、働くことから距離を置くことだ。

海外旅行に出かけて、日本の素晴らしさを感じたり、一人暮らしをはじめて、両親のありがたさに気づいたりするように、一度、「働く」という行為から距離を置くことで、冷静に「働き方」を眺めることができるようになる。

実際に、私も適度な距離を保つようにしているので、冷静に自分の働き方を見つめ直すことができ、結果的に多くの無駄な作業を排除することに成功している。

また、この距離感から新しい気づきやアイデアを得られ、つい働きたくなってしまうのだ。

今はありとあらゆる仕事が存在し、スマホの登場で自宅でも働ける時代になったが、あえて距離を置くのも悪くない。

私は働くことに距離を置くためにも、そして働く行為をアップデートさせるためにも、あえて「働かない働き方」をチョイスし、人生を楽しみながら最高のパフォーマンスを発揮することに力を注いでいる。

あなたのパフォーマンスが最大限に発揮される働き方とは、どんなだろうか。タイムスケジュールなどを再度、考えていただきたい。

Think!

□あなたが毎日最高のパフォーマンスを発揮して働くためのアイデアは何だろうか?

□あなたの脳が常に動くようにするためには、いつ、どこで、どのように、自分にテーマを与えるべきだろうか?

3

メールチェックは1日1回しかし「ない」

私は1日に1回しかメールチェックをしないようにしている。AM10時30頃に1回だけだ。

ただし、家族やホテルの予約など、プライベートなやりとりもあるので、そのための専用のメールアドレスを用意して、そちらは1日に数回チェックしている。つまり、メールアドレスをいくつか保有して使い分けているのだ。

これは、とてもパワフルだ。毎日、膨大なメールを絶え間なくチェックしていたら、脳は疲れてしまうし、メールに振りまわされて1日が終わってしまう。

スマホのSNS(ソーシャルメディア)アプリにも同じことが言える。私もSNSを利用しているが、通知は来ないように設定している。

つまり、自分が見ようと意識したときだけ、意識的に見るようにしているのだ。受動的なことは一切ない。

実際に試したこともあるが、iPhoneなどにSNSやメールの通知が来るように設定していると、絶えず通知がなり、脳内がカオス状態になる。

自分が今、何を考えていたのかさえ忘れてしまうのだ。

それだけ、メールや通知という文字情報は、私たちの生活に大きな影響を与えている。だから、このような通知には、かなり慎重になったほうがいい。

また、あえてAM10時30という時間にする理由は、この時間がもっとも決断力が高まり、冷静な判断ができるからだ。

朝起きてすぐに「この野郎!」というクレームメールを読んでしまったら、その日1日はブルーなはずだ。切り替えの早い人はさほど気にならないかもしれないが、クリエイティブが下がるのは間違いないだろう。

だから、私は1日1回だけ、それも、なるべく空腹時で、リラックスしているときにだけメールチェックするようにしている。空腹時は頭が冴えるので、冷静かつ俯瞰的な判断ができる。

直接会うコミュニケーションと違って、メールでのやり取りはおもしろいほどコンディションによってレスポンスが変わる。

もし、コンディションが良くないときにメールチェックして、返信をしたとしたら、とんでもないことになりかねない。

相手のことを思って返信したつもりが、コンディションが良くないがために、単調なメールになってしまったりもするのだ。実際は、相手のことを考えて返信したとしても。

つまり、メールという文字情報には、こちらの思い（相手のことを考えた思いやり）が入りづらい。受け取った側は、その文字だけを見て判断するので、あなたが相手のことを思って返信したつもりでも「冷たいメール」と受け取られかねないのだ。

メールのやり取りでの苦い経験は、一度や二度はあるのではないだろうか。


私も急いでいると、どれだけ相手のことを思っていたとしても、良い返信を書けないことがある。その結果、私が望んでいない受け取られ方をしてしまうのだ。

もちろん、メールを受け取った相手は、私が急いで返信していることなど知るはずもないので、その文面から私の態度を受け取っただけだ。

電話などと違って、メールは相手の反応をすぐには確認できず、さらには、そのメール自体が相手のメールボックスに保存される。違う言い方をすれば、何度も冷静にそのメールを見ることができるということだ。

だから、**メールをチェックするときの自分の状態には、とくに気をつける必要がある。** リラックスして、きちんと脳が動いているときだけだ。

人と一緒にいるときなどは絶対にメールチェックなどしないし、返信ももちろんしない（待ち合わせなどの緊急時を除いて）。

そして、SNSなどでの発言以上に、慎重になって言葉を選んでいる。それだけ、活字という情報にはパワーがある。

私は、なるべく良い言葉を的確に伝えたいと思っているので（誤解を防ぐことも含めて）、メールチェック時のコンディションには、とにかく気をつけている。

ここを意識するだけでも、メールによるミスコミュニケーションはほぼ防げるので、チームや社員との関係は良好に維持できるようになる。

ちなみに、意識的に行なっているコンディション管理は、朝一番の運動（HIITという心拍数を限界まで高める激しいトレーニング）、そして瞑想、深呼吸と、リラックスできるハーブなどを摂取することだ。

ギンコー（イチョウ葉）や、ＣＢＤオイルなどはそれなりに重宝している。

コンディションに気をつけ、コンディションの良いときにだけ、メールをチェックして返信する。

これだけで判断や指示の誤りを防げるだけでなく、相手の1日がクリエイティブになり、さらにはパフォーマンスも最大限に発揮できるようになる。

そんなメールをつくり出していく。

受動的ではなく主体的に、コンディションの良いときにだけ、メールをチェックするようにしていただきたい。さらに言うなら、今一度、メールするという行為そのものも見直していただきたい。

Think!

□コンディションが良いときにだけ、メール返信（チェックも含めて）をするためにはどうすれば良いだろうか？

□また、あなたのコンディションを常に良くするためには、何をすれば良いのだろうか？

4

一度だけの問題解決はしない「ない」

何かプロジェクトをはじめたら、必ず問題は生じる。そう思っておいて間違いはないし、それがこの世の常だ。

たとえば、夫婦関係。最初はラブラブでとにかく一緒にいるのが楽しい。だが、いずれ何かが生じる。

「さっき言ったじゃない！」

「いや、絶対に言っていない。嘘をつくな」

「いや絶対に言ったから！」

「聞いてない！」

たとえば、このような喧嘩だ。そう、多くの方が経験しているであろう「言ったた言わない戦争」である。

おそらく夫婦関係以外でも、ほとんどの方が経験しているこの問題は、果たしてどう解決するのがベストだろうか。

そもそも大前提として、これが問題であると認識していなければ解決されることはない。この問題には、2つの解決策がある。

ひとつ目は「カンフル的問題解決」であり、もうひとつは「根こそぎ的問題解決」だ。

ひとつ目の「カンフル的問題解決」はシンプルだ。とにかく一時的に即効性のある特効薬を打つだけ。

先のようなケースなら「言った言わない戦争」の後に、旦那側から食事に誘うなどだ。

「さっきは俺が悪かった。可愛いお前の心に怒りの感情を沸かせてしまったから、お詫びとしておいしい食事でもご馳走させてくれ」

このようにカッコイイ言葉とおいしい食事というカンフル剤を使い、女性の機嫌を取り戻す。

だが、これは一時的な解決にしかならない。なぜなら、真の問題は「言った言わない」という議論をしてもキリがないところにあるのだから。

ここで、ふたつ目の「根こそぎ的問題解決」が出てくる。

そもそも、よく一緒にいる人ほど、いつも話を100％聞ける環境で話すことは不可能に近い。旦那は歯磨きをしながら、奥さんは洗濯をしながら何かを話す。当たり前だが、これではお互いに意識が他に向いているので、忘れてしまうのも無理はない。

夫婦生活では、どうしてもこのような状態での会話が増える。だから、忘れることが増えるのも必然なのだ。

問題の根本は「忘れる状態で会話していること」であり、この解決策は、そうした状態がよくあることをお互いに理解し合うことにある。

「お互いに忘れるから、言った言わないではなく、違う角度から話しをしてみよう」

このルールによって、言った言わない戦争はほぼ永遠になくなる。

これは夫婦関係における身近な例だが、ビジネスにおいてもたくさんの問題が出てくる。

「社員がすぐに辞めてしまう……」

「クレームが多い……」

「今月の売上が伸びない……」

もちろん、こうした問題に対して即効性のあるカンフル剤で、その場を乗り切ることはできるだろう。だが、それは前述した通り、一瞬であり、一時的な解決だ。これを何度も繰り返すほど無駄なことはない。一時的な問題解決のためだけに働いているからだ。

なので、私は状況にもよるが「根こそぎ的問題解決」をオススメしたい。これは問題の根本を見つけ出すことであり、「そもそも論」を問いただすことで見えてくる解決の手法だ。


たとえば、「社員がなかなか働いてくれない」という問題があったとしよう。カンフル剤としては「解雇して、新しい人を雇用する」「給料を下げる」などが考えられるが、これは一時的な解決策なので、また同じ問題が生じる可能性は高い。

そこで「そもそも論」を問いただしてみる。

「そもそも、彼は、なぜ私の会社で働いているのだろうか？　どんな目的があるのだろうか」

「そもそも論」を自分に問うことができるようになると、根本的な問題に辿りつきやすい。

なかなか働いてくれない社員の働く目的や、彼が会社に求めていることを聞いてみようなどと、新しい気づきが生まれ、根本的な問題にたどり着き、会社は良い形に生まれ変われる。

問題が起こると、私たちはどうしても焦ってしまうので、すぐに解決しようと思ってしまう。

しかし、**ときにはじっくり時間をかけながらでも、「そもそも論」を問いただすことが重要だ。**私は、この「そもそも論」のおかげで、限りなく問題がない状態をキープできている。

そして、この世の問題の根本的原因のほとんどは、人間関係に起因すると気づくことだ。

私のケースで言ったら、海外にいることが多く、午後からは遊んでばかりいるので、社員やチームメンバーに「なぜ、お前だけ遊んでいるんだ！」と思われてしまった段階で、組織のパフォーマンスは一気に下がる。

だから、私が自由に働いているように、社員やチームも同じように働く場所も自由、勤務時間も自由にしている。本書を執筆中の今も、私の秘書はなぜかドバイの7つ星ホテルにいるようだ。

ただし、どこにいようと結果報告やプロセスなどは必ず共有するようにし、私も濃厚な3時間を使って、バリバリ「仕組みづくり」をこなしている。

メンバーの士気を下げないように、彼らが全力でパフォーマンスを発揮できるようにしているのだ。


「そもそも論」で考えていくと、働くという行為を問いただすことにもつながってくる。すると、雇用や職場環境、勤務時間や報酬体系についても常に疑うようになり、問題が起こりにくい仕組みをつくれるようになる。

私の組織やチームは「そもそも論」を問いただした結果、職場もなく、勤務時間もなく、決められた報酬もなく、ノルマもなく、ただ自分の才能を活かして、プロジェクトを熟していく働き方になった。

Think!

□あなたがよくぶち当たる問題は、何だろうか？

□また、その問題の根本的原因は何だろうか？

□「そもそも論」で考えていただきたい。

5

多動力にならない「なりすぎない」

最近、「多動」という言葉が流行っているようだ。読んで字のごとく、多く動く力であり、マルチタスキングな力のことである。

Aというプロジェクトをこなしつつ、Bというプロジェクトもこなし、さらにCもはじめる。たしかに、世の中の流れが早い現代においては、たくさん仕掛けておくことは大事かもしれない。

ただ、本書で提案する「働かない働き方」を実践する際には、多動はあまりオススメできない。

なぜなら、多動になりすぎると、脳内で管理できる許容範囲を超え、すべてが中途半端になる可能性があるからだ。また、それぞれに割ける意識や想いのパワーも半減してしまい、目の前にある重要なことへの意識が薄れてしまう。

マザーテレサは、次のような名言を残している。

「大切なのは、どれだけ多くをほどこしたかではなく、それをするのに、どれだけ多くの愛をこめたかです」

この言葉は大好きだ。実際に、私の仕事観や人生観に大きな影響を与えている。昔、先輩に「なぜ、愛妻弁当はおいしいかわかるか」と聞かれたことがある。その理由は、シンプルに「愛」がタップリこもっているからである。

綺麗ごとに思われるかもしれないが、これは「働かない働き方」を実現するうえで、非常に大事なテーマと考えている。

それだけ愛のパワーは大きいし、その愛のパワーを複数に分散すればするほどに、一つひとつへの愛は減ってしまう。

さらに多動になると、ひとつのものをしっかり愛を持って手がけていくよりも、形になるまでの時間がかかってしまう。

何より、これは多動の盲点だが後始末が増える。起こる結果についての問題処理に、時間とエネルギーを奪われてしまうのだ。

何かをはじめたりするのは、その瞬間はワクワクする。しかし、**実は何かをはじめるということは、それなりに何か問題も起こるということだ。**

はじめるという行動の延長線上には、それなりのケアとフォローの必要性が待ち構えている。

「今度、みんなでトレーニングをして、プロテインをガブ飲みする『朝プロテインの会』をやろう」

たとえば、このようなノリで新しいことをはじめてみたとする。一見楽しそうだ。しかし、このプロジェクトをはじめたらはじめたで、さまざまなことを処理していく必要が出てくる。

「会場を借りたとして、当日寝坊して来なかった人の会場費はどうしよう」
「いつもプロテイン忘れてくるアイツ、どうしよう」
「AとBは仲が良くないから、2回に分けたほうがいいかも……」

などなど、あなたも経験したことがあるような懸念が多々出てくるものだ。

朝たった30分だけの企画だったとしても、これによって脳内はフル回転状態になる。

このようなプロジェクトが、1日あたりひとつ程度ならまだしも、数個、人によっては数十個ともなると、脳内はもはやカオス状態だ。

多動によって自ら蒔いた種だが、その種によって自分を苦しめることになる。

もちろん、このような状態が好きな人もいるので否定はしないが、新しいことをはじめれば、想定外の何かが起こることは忘れてはいけない。

その新しいことが、ときには身近な人たちとの信頼関係を壊すことにもなりかねないと肝に銘じておく必要がある。


仮にこの状態で家族と食事に出かけたら、幸せな時間を過ごすことはできるだろうか。家族のみんなの状況を把握し、それぞれが何を考え、どこに向かおうとしているのかを理解できるだろうか。

答えは、ノーのはずだ。

成功者と呼ばれる人たちや起業家は、新しいもの好きが多い。いつも新しいクリエイティブなことをおこなうし、それによって大きなものを得ているのも事実だ。

ただ、私たちが想像している以上に失っているものも多い。とくに家族関係だ。

複数のことを同時並行で熟していく生き方は、それなりに脳を酷使するし、言い換えると、それなりのケア（フォロー）を要する。

私にはこの働き方は向いていないし、合っていない。だから、多動をオススメしていない。「働かない働き方」は多動ではなく、愛動力だ。

一つひとつのプロジェクトに十分な愛を注ぐからこそ、「働かない働き方」を実現できる。

大量にプラスのことを受け取るのと同時に、大量のマイナスのことも受け取る人生ではない。少しずつだが、確実にプラスのことを毎日毎日増やしていく生き方だ。

あなたが愛すべきものや人に、とことん愛を注ぐ時間を過ごしてほしいと思う。

Think!

□あなたがよくぶち当たる問題は、何だろうか？

□また、その問題の根本的原因は何だろうか？

□「そもそも論」で考えていただきたい。

6

相手に与えない「ない」

およその自己啓発本に共通して書いてあることが、「与える」ということだ。与えると豊かになり、良いことが起こるというあれだ。

だが、私は違和感を覚えている。

与えるという行為は相手ありきであり、価値観や基準値の違いによってギャップも生じる。

たとえば、あなたが相手のためを思って「あえて答えを教えずに考えさせる機会」を与えたとしよう。この行為自体は相手を思いやっているのは事実だろうが、もしかしたら、相手は相当にピンチですぐに答えがほしい状態かもしれない。

「答えがほしくて相談しているのに、なんだ、この上司は。空気が読めないな！」

こう思われてしまっているかもしれない。つまり、ミスマッチ状態だ。

これでは、いくら「与えている」つもりでも、相手は「与えられている」と思うことはないだろう。

「そのうちわかってくれるはずだ」

こう思って「与えよう」とするかもしれないが、そのうちという日は来ない。タイミングによっては、たんなるお節介に過ぎなかったりするのだ。

与えることにこだわる「与える症候群」は少なくないが、**「与える」ことにこだわっているうちは、本当は何も与えられていない。**

だから、私は「与えよう」などと一切考えていない。

前述した通り、そもそも「与える」という行為は相手ありきのもので、与えられたかどうかは、与えられた側が判断するものだ。

それでは、自己中心的に生きているのかというと、そうではない。無意識が「自動で与えてしまっている状態」をつくり出すことに集中しているのだ。

与えようなどと思わなくても、与えてしまっている状態だ。

私たちの行動には、「意識的」な行動と「無意識的」な行動が存在する。前者はいわゆる3％程度であり、後者は97％程度と言われている。

つまり、ほとんどの行動は無意識であり、本書をお読みのあなたが意識的に活字を処理している意識的な行動とは、違う種類の行動だ。

朝起きて何気なく歯磨きをして、コーヒーを入れ、トースターでパンを焼いて、電車に乗って通勤する。これは、ほとんどが無意識的な行動だ。

極端だが、毎日6時に起きて24時に寝る人にとって、全体の行動時間は18時間。このうちの3％は約32分だ。たったこれだけが、あなたが意識的に過ごしている時間で、逆にそれ以外はすべて無意識による行動なのだ。

つまり、ほとんどの時間は無意識に支配されている。

これが何を意味するのかというと、「与えよう」と意識的に思う行動（3％）は、ほんのわずかのことであり、ここにこだわっても無意識での「与えている」ことには勝てないということだ。

だから、私は「無意識ギブ」を極めることを推奨している。自分では与えているつもりはないのに、気づいたら「与えてしまっている」ギブだ。

笑顔などは、まさにこの無意識ギブのひとつだ。

毎日を無意識に笑顔で生きている人は、それだけでかなりイケている社会貢献をしている。逆に社会貢献の事業を大々的にしていたとしても、常に「不機嫌」であれば、それはギブしているとは言い難い。

私は無意識に与えている自然なギブこそが、もっとも最高のギブだと思っている。

笑顔のような無意識のギブは思っている以上にたくさんあり、この無意識で自然に世の中に与えている状態をつくることができれば、あなたの人生は自然にゴキゲンになり、「働かない働き方」も現実となる。

では、この「無意識」に与えている状態をどうすればつくることができるのだろうか。これには、2つの戦略がある。

ひとつ目は、自分の24時間を極めて質の高いものにしていくこと。

まずは、あなた自身が24時間快適に最高の状態で過ごすことで、結果的に与えている状態が増える。単純に、あなたの24時間が快適かつゴキゲンになると、あなたの表情が変わる。

表情とは、日頃の感情の集大成なので、その人の顔を見れば、およその性格が分かるのと同じように、あなたが快適かつゴキゲンな時間を過ごすことで、あなたの表情はかなりイケている状態になるのだ。

心からの笑顔ほど無意識ギブはない。

赤ちゃんや子どもは本当におもしろいことにしか笑わないが、そんな笑顔に私たちは癒されている。

しかし、赤ちゃんや子どもは与えようなどと意識しているだろうか。そんなことは、ないはずだ。

もうお分りいただけたと思うが、あなたの24時間が変わると、あなたの表情が変わり、知らず知らずのうちに人に与えてしまうことになるのだ。

たまたま立ち寄った喫茶店やカフェで、ものすごく気持ちの良い笑顔を見て、癒されたことはないだろうか。このように毎日好き放題に生きているだけでも、人を幸せにする状態をつくり出せるのだ。

これは、多くの人の盲点だと思うが、最大の社会貢献になるはずだ。

そして、「無意識」に与えてしまうもうひとつの戦略は、自分をリアルに客観視することだ。言い換えると、自分の強みや才能を自覚することである。

これは自分のことを客観的に観察しようという話ではなく、自分とは違った現実を持った人に自分のことを教えてもらうということだ。中国の諺に、

「鳥は空気が見えない。魚は水が見えない。人間は自分が見えない」

というのがある。つまり、私たちは自分のこと、そう、自分の無意識ギブが見えていない。

幸いにも私は21歳のときに、自分の無意識ギブを知ることができた。

「空間を盛り上げるのが最高に上手だよな」

「イベンターとしての才能があるよ」

「説明が分かりやすく、イメージしやすよね」

「見ているだけで成長するのが早いからおもしろい」

まわりの人たちが教えてくれたのだ。自分では絶対に気づくことのなかった大事な財産を。

この無意識ギブを知ることができたことにより、これを活かしたビジネスを仕組み化でき、その結果、「働かない働き方」を実現できたのだ。

私の会社のひとつではオンラインで、恋愛やビジネス、お金や心理学など、さまざまなプログラムを販売している。オンラインでのプログラムなので、私が世界中のどこにいようが、ほしい方が購入してくだされば商売が成り立つ。

ただ、チョコレートやTシャツなどの有形商品とは違い、無形商品であるため、お客様にとって想像できないのが難点だ。届いた商品が想像以上のものでないと、この商売は長続きしない。

つまり、「情報」という言葉の組み合わせによってできたものの価値が極めて高くなければ、この会社は存続不可能なのだ。ある意味、とても難しい業種だと思う。だが、この会社ももうじき10年になる。長くご愛顧いただき、たくさんのリピーター様のおかげで繁盛している。

これは間違いなく私の無意識ギブと、ビジネスモデルが一致しているからだ。無意識ギブが何かに気づいて、それをエキサイティングかつ、人がイメージできるようなカタチで伝えている。

私は人とは違ったものの見方を無意識にして、おもしろく、わかりやすく、エキサイティングにシェアすることが得意だ。だから、気づかないうちに、自分なりの気づきをお客様にシェアしている。

この会社では「与えられ過ぎてしまっている」と思ってくださるお客様も多くて、

たくさんの方を勝手に紹介してくださる。結果、この仕組みによって、私は「働かない働き方」を実現してしまうことになっている。

このような無意識ギブは、あなたにも必ずある。

そして、この「自動貢献装置」に気づくためには、なるべくあなたのことをよく見てくれている人たちと時間を過ごし、良い関係をつくることがポイントだ。

基本的に、日本人はシャイなので、直接、相手の素晴らしさや良いところを伝えることは多くないが、なかには旅行中やふとしたときに話してくれる人もいる。

私は、自ら先に「相手の無意識ギブ」をシェアするようにしている。


「○○ちゃんのこういうところ、本当にすごいと思うんだけど、何か意識してやっているの?」


このようにシェアするだけで相手は非常に喜んでくれる。私たちは、こうした会話をしたいにも関わらず、なかなかキッカケがなく、遠慮してしまいがちだ。

だからこそ、そのキッカケを待たずに自ら仕掛ける。

世の中には、人のことを考えるのが大好きで、人の無意識ギブを見つけて伝えることを生きがいにしている変わり者もいる。

ただ、シャイで言えない人のほうが多いので、まずは、あなたが無意識ギブを発見して伝えていってほしい。

自分の無意識ギブを知ることができるのはもちろん、最高の時間を過ごせるようになるからだ。

私は世界中の人が、この無意識ギブを活かした働き方をすれば、この世界はもっとハッピーになると本気で考えている。

今日も出会う人に、その人の無意識ギブを伝えている。自分が持っている最大の武器に気づき、それを活かしはじめたときほど輝かしい瞬間はない。

あなただけの無意識ギブを見つけ出し、それにあった働き方をつくっていただきたい。

Think!

□あなたが、今もっとも愛を注ぐべき対象は何だろうか？

□また、どうしたら、それに対してもっと全力で愛を注げるようになるだろうか？

7

午前中しか決断し「ない」

「早起きは三文の得」とは誰もがご存知の有名な名言だが、私自身も「いかに働かないか」を極めるために、午前中の時間にはとにかくこだわっている。

こだわっていることは、午前中の自分のパフォーマンスを最大限に高めて、「過去の確認」ではなく、「未来をつくる動作」を極限にまで増やすことだ。

そのため、朝早く起きて(だいたいAM6時前)、白湯を飲み、内臓を洗浄し、身体を温め、ワークアウトに出かけ、心拍数を高め、一気に全身の血流を良くするようにしている。

そして、お気に入りのサプリメントを調合し、ここから自分のクリエイティブワークをはじめている。いわゆる仕事時間だ。

意識的に必ずおこなっていることは、理想と現状の問題点の確認だ。常にこれを最優先におこなうようにしている。

・自分がどこに向かっていて、現在地はどこになるのか?

・今後、何をしていくと目的地に早くたどり着くことができるのか?

・そして、その目的地に向かう道中で、どのような問題が発生するのか?

これを、しっかり把握することが私の朝イチのルーティンだ。

ここで意思決定もすべておこない、作業レベルまで落とし込み、自分より楽しくうまくできる人に任すことのできることは、その任せ方と期限も決めて依頼するメールも書き出す。

ここに毎朝30~40分程度の時間をかける。一番大事な時間だからだ。

不安要素や気になっていることもすべてお気に入りの紙とペンで洗い出す。そして、チームへの指示もここで洗い出し、ｉＰａｄ ｍｉｎｉのメモ帳にすべて書き出すようにしている。

重要なのは、このときはインターネットに繋げないことだ。

前述した通り、私は朝一番では絶対にメールを見ないし、チームとのコミュニケーションに使っているチャットも見ない。正確に言うと、インターネットに接続しない。

理由は至ってシンプルだ。「働かない働き方」を実現するためには、目的のないインターネット接続は不要だからだ。

私は「なんとなく」では絶対に働かないようにしている。

やるべきこととその理由、期限、そして、そのプロジェクトの全体像を理解しない限り、むやみには取り組まない。

まずはしっかり洗い出し、把握することからスタートするのだ。

とくに朝一番は、さまざまなルーティンを終え、脳はその1日のなかでもっとも良いパフォーマンスを発揮してくれる最高の時間だ。

このクリエイティブかつ俯瞰的なアイデアがどんどん出る時間帯の自分をもっと堪能したい。ゴールデンタイムを最大限に活かすためにも、インターネットやメールチェックなど、それを阻害することはしない。

言い換えると、自分を含む過去に誰かが創造した結果は見ないようにしている。メールも昨日までの誰かの創造物だ。これは重要ではあるが、昨日までのものを見ても未来は変わりにくい。

また、朝一番に数字などのデータチェックはしないようにしている。

昨日までの自分の動きによって生じた結果は、この時間を阻害することになりかねない。この動作を一瞬でもおこなってしまうと、ゴールデンタイムが台無しになってしまう。過去の自分に支配され、斬新かつクリエイティブなアイデアが出てこなくなるのだ。

せっかく、「働かない働き方」を実現するアイデアを出そうと思っても、朝イチで余計な情報を入れることで、脳の隅にそれがこびりつき、クリエイティブなアイデアは出なくなる。

自分の未来をつくる時間を確保するためにも、確実に最高の未来をつくるためにも、この時間はインターネットを使わないようにしている。

さらに、この午前中に意思決定をする理由はもうひとつある。もっとも欲や感情に支配されない時間だからだ。

これは個人的な考察ではあるが、欲や感情に支配された意思決定は短期的であり、破滅的なことが多い。嫉妬、見栄、危機感、絶望感などの感情に加え、お金に対しての何かしらの欲が生まれると、本当の意味での良いアイデアは出てこなくなる。

そして、これらに支配されると、本来、自分が望んでいる方向とは異なるほうに向かってしまうことにもなりかねない。

私たちにはミラーニューロンという神経細胞があり、自分が触れた情報を細胞レベルで真似するようになっているのだ。

たとえば、たまたま出会った目の前の人の羽振りが良くて、全身高級ブランド品で身を包んでいたり、高級車を乗りまわしていたりすると、あなたがどんなに質素倹約であろうが、その影響を少なからず受けてしまう。

「俺もアイツみたいに派手なことをしようかな」

「最近頑張ったし、ブランドの服を買ってみようかな」

このように影響されてしまうようになっている。そして、少しでも影響されてしまうと、この思考はもう自分では制御が難しくなる。

つまり、本来あなたが望む方向であり、あなたのなかにあったアイデアとは異なる行動を選択してしまうのだ。

欲に支配され、誤った決断をし、潰れていった人たちを散々見てきたからこそ分かるが、欲との距離感こそがビジネスの安定と発展に繋がる。

だからこそ、もっともフラットで、ホワイトにすべてが見える朝の時間(誰からの影響も受けていない)にだけ、意思決定をし、重要な決断をおこなう。

私が午後に働かない理由のひとつもここにあるのだ。

せっかく午前中に最高の決断と意思決定をしても、午後にブレてしまい、決断を誤ったら、午前中のクリエイティブワークもすべて水の泡と化してしまう。

だから、最高の決断ができる午前中だけ働き、午後からはあえて働かないほうが都合もいいのだ。

これは私にとってのゴールデンタイムであり、最高のパフォーマンスを発揮するための仕組みだが、あなたにとっての最高のパフォーマンスを発揮できる時間帯と仕組みを見つけていただきたい。

欲や感情に支配されず、すべてがクリアに見える最高の時間と仕組みを。

Think!

□あなたがもっとも良い決断をできる時間帯はいつだろうか？

□また、どうすればもっと良い決断ができる状態を つくれるだろうか？

8

同じ場所で仕事はしない「ない」

数年前、ノマドが流行った。パソコン1台をバッグに詰め込み、お気に入りのカフェや公園など場所を選ばずに働くスタイルのことだ。

たしかに、インターネットさえあれば、わざわざオフィスに出社する必要がない職種は多くなっている。自分の好きな空間で、お気に入りのドリンクを片手に、クリエイティブな働き方をしたほうが効率は遥かにいいだろう。

オフィスをその日の気分によって選ぶ働き方。

日本では、このような文化はまだ浸透していないが、空間を変えるだけでも、私たちの思考やアイデアは膨らんでいく。

たとえば、あなたに1時間だけ与えられて、「次の会社のセレモニーの企画を考えてこい」と上司から宿題が出たとしよう。

この企画をいつもと同じオフィス、そう、蛍光灯の下、目の前にはたくさんのタスクが待っているディスプレイがある環境で考えるのと、近所の広々とした緑がたっぷりある公園で、スタバのカプチーノでも飲みながら考えるのとで、湧いてくるアイデアは同じだろうか。

私には同じになるとは到底思えない。当然だろう、空間というのは私たちの思考やアイデアにそれだけ大きな影響を与えているからだ。

それでも、まだ空間にこだわっている会社や組織は残念ながら多くない。私も空間にこだわりはじめたのは、ここ数年の話だ。

ノマドに憧れ、マックを持ち運び、カフェで仕事をしていた。


ところが、今思い返すと、当時はノマドという言葉に縛られていただけで、クリエイティブで生産性のある働き方はできていなかったように思う。「なんちゃってノマド」だ。

パソコン1台で働く職種の特徴は、好きなときに、好きな場所で、好きなだけ働けることだ。

言い換えると、誰かにコントロールされることなく、自分自身のクリエイティブや才能を最大限に発揮させることができてこそ、初めて価値が出る。私はこの事実（そもそも論）に気づいて徹底的に働き方を見直した。

・自分のクリエイティブが果たしていつ生み出されるのか？

・ビジネスの肝となるアイデアやパフォーマンスは、どのようなときに一番発揮されるのか？

これを分析した。そして、非常に重要なことに気づいたのだ。

実は、私のビジネスに大きな影響を与える企画や戦略が生み出されるのは、朝、お気に入りのカフェでクリエイティブワークをしている時間と空間だけではなかったのだ。

むしろ、これから紹介するこの魔法の時間と空間は、朝にカフェでいるときよりもビジネスに大きな影響を及ぼしているかもしれない。

私の場合、次の２つが大きな影響を与える重要な要素だった。

ひとつ目は移動中。

この時間が、実は最高に良いシンキングタイムだったのだ。この時間に考えたことや思いついたこと、整理したことは、ビジネスやライフスタイルに大きな影響を及ぼしていた。

移動の時間は、実際、多くの経営者や作家が愛用しているので、あなたもご存知かもしれない。私もこの時間をこよなく愛しているひとりだ。

この特別な時間と空間は、最高のシンキングタイムであり、最高のアイデア構想タイムであり、アイデアを戦略に落とし込める極上の時間だ。

そのため、私は意図的に飛行機にも、電車にも、タクシーにも、車にも頻繁に乗るようにしている。

電車も空いている時間に乗り、ゆらり揺られながらお気に入りのデバイスであるｉＰａｄｍｉｎｉにいくつものアイデアを綴る。

とくに機内での時間は別格だ。Ｗｉ-Ｆｉの繋がらない（最近は繋がる機内も多いが）環境下で、気圧の変化により、脳内の血管は太くなり、アイデアが洪水のように溢れてくる。

もちろんパソコンも持ち込むが、ほとんどがアナログのメモ帳やｉＰｈｏｎｅ、ｉＰａｄｍｉｎｉのメモ帳がメインだ。このデバイスを使い分け、フル回転している脳からアイデアを引き出していく。

移動中は、私たちの脳波は限りなくアルファ波に近い状態になりやすいと言われている。電車に乗ると眠くなる経験をしたことがあると思うが、一定の揺れと音により、脳はリラックスするのだ。

この瞬間を無駄にせず、とにかく未来をつくる。

さらに、大きな影響を与えているのは待ち時間だ。この時間も私の「働かない働き方」を実現するうえで、大きな土台となっている。

飛行機の搭乗時刻までの待ち時間や電車の待ち時間、妻とショッピングセンターに出かけたときの買い物の待ち時間などだ。

この時間に私は、あえて働いている。

正確にいうと「働かないための働く時間」だ。ほんの5分でも極上の時間である。

この時間にiPhoneのメモ帳にセットアップしてある「今考えるべきリスト」を確認し、思考タイムに入る。

もちろん、ふと思いついたアイデアを無作為に綴ることもあるが、大抵は自分に対して与えた「テーマ」をひとりで会議するようにしている。

私の場合は時差や空間を変えたときに、まったく違う状態の自分になっていることが多いので、違った視点を持って判断できる。

空間や時間を変えることにより、別の自分を意識的につくり出し、違った角度で自分のビジネスや課題を眺めるのだ。

これにより、普段とは違った角度から再確認でき、結果、ズレのない客観的、俯瞰的なアイデアを出すことができる。

判断したり、何かを思案したりする状態になれるのは、たいてい待ち時間だ。待ち時間とは、その言葉通り、何かを待っている時間だ。

それは、デートかもしれないし、クライアントとの打ち合わせかもしれないし、飛行機の搭乗かもしれない。場所はいつも違うし、時間も違う。

何より自分でコントロールできない期限が決められているので、とてつもない集中力を発揮できるのだ。

空間と時間が異なり、誰かによって期限が決められている。実は、これが最高の状態だ。

待ち時間は予想外にやってくるし、場所も違うし、大概は自分でコントロールできない。期限も決められている。

私たちは、自分で決めた期限を活用することは苦手だが、他者によって決められた期限を活用することで、集中力というギフトを手に入れることができるのだ。

この意味では、待ち合わせには遅刻せずに少し早く到着することがオススメだ。待ち合わせ前の最高のギフトを手に入れるために。

ぜひ、働く場所を決めず、脳が最大限にパフォーマンスを発揮できるシチュエーションを見つけ出していただきたい。

思っている以上に、意外な時間や空間が多いことに気づくだろう。

Think!

□あなたの脳が最高のパフォーマンスを発揮できる 場所や時間帯は、どこで、いつだろうか?

□また、そのときにできること(すべきこと) は何だろうか?

□あなたの隙間時間のベストの活用法を考えていただきたい。

9

足りないものを補わ「ない」

「人は15歳で自分の才能を伸ばそうと意識しはじめ、25歳から平均になろうと意識しはじめる」

信頼している友人に、あるとき、こんなことを教えてもらった。

私たちは15歳ぐらいから自分の強みや才能について考えはじめ、それらを伸ばそうと試みるものの、25歳を越えると少しずつまわりを意識しはじめ、平均や常識、周囲の目を意識するように、その基準に合わせる生き方をしはじめるということだ。

100%とは言えなくとも、この考えは間違っていないように思う。

おそらく、10代で自我が芽生え、自分の存在について考えるようになり、やがて、好奇心や興味に従う生き方をスタートしはじめる。

教育機関や家庭環境によっては、そのような生き方ができないこともあるかもしれないが、大抵の場合、10代だと自分の好きなことに一網打尽でのめり込む傾向が強い。この大前提は家賃や税金、親の介護などを考える必要がないからであり、そのため夢中になれるのだ。

ところが、そんな夢のような時間が過ぎて就職すると、世の中からのあなたの扱いが一気に変わる。もちろん、個性を重んじてくれる会社も存在するだろうが、ほとんどは新入社員一同、ほぼ同じ扱いだ。

同じ研修を受け、同じ仕事（ここではあえてこの言葉を使わせていただく）をし、同じ上司と頻繁に会い、与えられた仕事をこなすことが中心になってくる。

すると、それまでの興味に従う生き方から、まわりに従う（ときには上司に）生き方にシフトしてしまうのだ。

つまり、基準は、好奇心ではなく、まわりにシフトしてしまう。怖いのは、自覚なく、基準がシフトされてしまうことだ。

そして、ここから知らず知らずのうちに、見えない基準がたくさんのカテゴリで年々できあがっていく。平均年収もまさにそのひとつかもしれない。

今まではシンプルに自分自身が「おもしろい！　楽しい！」といった基準で行動し、未来をつくっていた生き方が、あるときを境に、まわりと比較して、不足を補う生き方にシフトしてしまうのだ。

「あいつは英語が得意だから出世したけど、俺が出世できないのは英語がダメだからだ。やはり、英語を勉強するしかない」

あなたの本来持っている「内側」から湧き出たアイデアや選択ではなく、まわりとの比較によって生まれた劣等感や不足を補う生き方になってしまう。


「アイツも車を買ったから俺も買おう」

「同期で結婚していないのは俺だけだ……」


隣の芝はいつ見ても青い。

芝が青いことを羨ましがり、常に隣の芝を追いかける生き方に身を置いていると、そのうち、それが「生き方の癖」となってしまう。

だが、平均を目指したところで劣等感や不足している感は一時的には減るかもしれないが、働かない生き方を実現することはできない。

平均レベルのことをそれなりにできることも素晴らしいが、やはり、あなたにしかない武器があったほうが、まわりへの認知度も上がるし、何よりもあなたがすべきことがはっきりしてくる。

平均を目指してアレもコレもできると、どうしてもいろいろやりたくなってしまうため、選択肢が増えてしまうのだ。

これはたくさんのチャンスを手にする感覚になるかもしれないが、見極めができないと、ただ闇雲に働いている人で終わってしまう。忙しいけれど結果が出ない。

一方、自分にしかできないことだけをしようとすると、やることも限られてくる。つまり、そのできることだけを最大限にやろうとするし、その結果、働く時間も短くなる。

では、できないことはどうすれば良いのか。

それは、あなたができることを持っているように、あなたよりもそれをうまくできる人にお願いすればいい。

平均値を目指さない生き方を選ぶと、人と比べることもなくなるので、他の人の才能や強みなどに気づきやすくなる。

これまでなら「なんでアイツはできて、俺はできないんだ」と感じていたことに対しても、「アイツのアレはすごいから、今度お願いしてみよう」とシンプルに認め、その才能を活かした未来を考えられるようになるのだ。

自分のエッジを磨き、それを活かせることだけをして、あなたができないことは、そのエッジを持っている人を見つけ、その人に素直に愛を持ってお願いする。

これができるようになると負担は一気に軽くなり、さらに自分の才能だけを磨こうと思えるようになる。

つまり、あなたが働かないでも、その才能を持っている人が働いてくれるようになるのだ。

あなたが心の奥底で密かに感じているように、誰もが社会的な基準や権威によって決められた評価基準ではなく、本当の自分を、本来持っている自分のパワーを、評価されたいと思っている。

皆、自分の才能や強みを活かせる仕組みを求めている。

「働かない働き方」は、あなたひとりで完結するものではない。パズルのように、人間関係における凹凸を見つけ出し、うまく組み合わせることで成り立つ。

あなたがすべきことは、自分のエッジに気づいて、それを活かすことだ。そして、そこから他人のエッジを見つけ、愛を持って伝えてあげることだ。

このような考えにシフトしていただきたい。何より、人間関係が良好になることに驚くだろう。

Think!

□あなただけの、あなたにしかない強みや好奇心は何だろうか？

□また、どうすれば、それらをもっと活かし、伸ばしていくことができるだろうか？

10

デバイスの電源をオンにし「ない」

私のスマートフォンは常に圏外だ。夜間はもちろん、未来づくりをする時間帯（つまり午前中）はほぼ必ずと言って良いほど意図的に圏外にしている。

これは電波のつながらない場所にいることを意味するわけではない。意図的に機内モードにして圏外にしているということだ。

圏外にする理由はシンプルで、必要なときに必要なだけ、「意識的」にスマホを使いたいと考えているためだ。

普段何気なくスマホを見たり、何気なくネット検索をしている行為は、無意識的なものであり、気づいたら何となくやってしまっているはずだ。どこかで意味のない行動だと分かっていながらも、おもしろいからどうしてもやってしまうし、見てしまうのがスマホの怖いところだ。

このような状態は、スマホに主導権を握られている状態であり、「働かない働き方」を実現することは極めて難しくなってしまう。

「よし、クリエイティブな作業をしよう」と思った瞬間に、あなたのスマホに、知人のＦａｃｅｂｏｏｋのリア充な投稿通知が来たら、意識は本来すべきはずの行動に１００％フォーカスできなくなるだろう。

通知をオンにしておくと、このような状態が四六時中続く。当たり前だが、かなり情報処理能力が高い人でない限り、脳内はカオスの状態になる。

集中して何かに取り組み、終わらせることはできなくなるし、はじめたとしても、スマホに通知が来た瞬間、意識は本来すべきことからブレはじめる。

これは、人と会っているときも同じだ。

最近は、カフェやレストランでもテーブルにスマホを置く人も多いが、これは「あなたのことよりもスマホの通知を優先しますよ」というサインを相手に提示しているようなものだ。

スマホで何かを確認したり、チェックしたりする作業は、ひとりの時間にいつでもできる。だから、わざわざ人と会う時間に必要以上に見る必要などないはずだ。

スマホは「逃げ場」としても使えるので、良い意味でも悪い意味でもそのようなポジションとして常にチェックしたい人もいるだろう。最悪、スマホを見ていれば、恥ずかしさを紛らわすことができるなどといった理由で。

私は人と会っているときは、なるべくスマホは封印している。

人と会っている時間は、スマホは使わないと決めることで、相手に対して自然に好奇心も湧いてくる。もちろん相手との時間を素晴らしいものにするために、必要であれば使うこともあるが。

ビジネスの打ち合わせをするときも同じで、スマホなどは一切見ないようにしているので、１００％打ち合わせに集中でき、非常に濃い時間を過ごすことができる。

今の時代は、インターネットさえあれば、いつでもどこでも「働く」ことができるし、社員やスタッフ、パートナーとのコミュニケーションもインターネットで完結しようと思えば完結できる。

しかし、これは便利な面もあるが、対面でのコミュニケーションの密度を下げることにもなっている。

メールやチャットは便利で、あなたと第三者との新しいパイプをつくることを可能にした。これは「安心材料」になっていることも意味している。

たとえば、対面で会うという「本来のパイプ」でコミュニケーションにおける忘れ物をしたとしても、チャットやメールで、それを補うことができる。

これによって、スマホがなかった時代よりも、人と会う時間の価値が低くなってしまっているのだ。いつでもどこでもスマホさえあれば簡単にコミュニケーションを取れるので、リアルの価値が下がっている。

スマホによって、リアルで人と会う価値が下がっていることに気づいてからは、人と会うときは準備も含めて、徹底して集中するようにしている。

「ネット上で繫がっているからいいや」などと思うと、会話も積極的でなくなるので、このことは一切忘れ、会うという時間をとにかく楽しむようにしている。

ネットで連絡を取れる時代ではあるが、やはり、面と向かって話し、同じ時間に同じ空間を共有することほど、楽しいことはないし、幸せなことはない。何より、一番学びが多い。

現状、私はほぼ海外にいるが、チームやスタッフと会える時間は、とても大事にしている(もちろん、スマホなど見ないで)。

そして、なるべくいい空間で、リラックスしながら話すようにしている。直接会う頻度は少なくとも、超濃厚なコミュニケーションを取ることで、しっかりと信頼関係を築くことができ、最高のパフォーマンスを発揮することも可能になっている。

インターネット時代は「いつでもコミュニケーションできる」と思ってしまいがちだが、テキストベースでのコミュニケーションには「情」が入りづらいため、人間であれば誰しもが求めている「想い」や「表情」から伝わる感情や空気感などが伝わってこない。

これが意味することは、インターネット上でのコミュニケーションにおいては、人間関係におけるミラクルが起こりにくいということだ。

「こんなに社長は私のことを思ってくれていたんだ。頑張ろう！」

このような「情」の伝達は、インターネット上のコミュニケーションで起こることは極めて少ないが、対面では少なくない。

この「情」を伝え合うためにも、そしてビジネスでもっとも大事な信頼し合える最強のパイプを構築するためにも、対面で会う時間にはこだわるに限る。

この濃密な時間こそが、未来をつくってくれるからだ。

信頼し合える関係が築ければ築けるほど、「相手を疑う」というもっとも無駄に働く行為もなくなる。

本書をお読みのあなたも定期的に「機内モード」にしていただきたい。

人間関係も間違いなく良くなるし、人と会うときにスマホを見ないと決めた瞬間から、どんどん相手に興味を持つようになり、相手の脳にどんどんアクセスできるようになる。

これほど、最高かつ刺激的な検索はないだろう。

そして、**スマホがあることを忘れ、あなたの「脳」と相手の「脳」から質問というコードを使って、最高の会話を検索し合う時間を過ごしていただきたい。**

機内モードのパワーはこれだけではない。

普段、何気なく見ているスマホ時間をやめて、何かを見たり、感じたり、ゆっくりしたりしてリラックスする。

この時間は、多忙な現代人にとって欠かせないものだ。余裕こそが最高のパフォーマンスを発揮する鍵だ。

クリエイティブかつ面白いサイトは年々、増えているので、余程に意識しないと自然にサイトやスマホだけを見る時間が増えることになる。

もちろんクリエイティブなサイトは使っていくべきだし、楽しむべきだが、所詮は画面上での出会いに過ぎない。聴覚と視覚だけの情報だ。

この時間を通して、あなたが現実を変える可能性は極めて少ない。テレビを見ている時間よりは、たしかにクリエイティブかもしれないが(自分で取捨選択できるため)、スピードのコントロールの主体が変わっただけで、何かを生み出す機会を奪われているという意味では同じだ。


テレビにしろ、サイトにしろ、刺激的でインパクトのある情報が脳に入ってきた時点で、私たちは口をポカンと開け、思考停止状態に陥る。ネットを無意識に見る行為は、目の前の現実を見る行為を奪い、何かについて考える機会を奪っていく。

私たちはそれなりに理論づけて、丁寧かつ綺麗に説明してあるサイトを探し当てると、そのサイトをつい信じてしまうが、これでは、自分の働かない時間をつくるための素材となる脳は育たない。

自分でモノを見て、自分なりに考えてこそ、「働かない働き方」を実現してくれる脳は育つ。

スマホやパソコンなどのデバイスは便利だが、ただ検索しているだけでは、あなたの人生が変わることはない。デバイスに使われるのではなく、使いこなし、そして最大限に活用して、「働かない働き方」を実現していただきたい。

今からスマホをあえてオフに設定して、もっと今を感じてみよう。そして、今、目の前にいる人に積極的に話かけてみよう。

そこには検索よりも遥かに楽しい刺激的な時間が待っている。

Think!

□あなたがスマホを使わないことで得られるものは何だろうか？

□また、毎日のどんな時間にスマホをオフにするのかも決めておこう。

11
アポイントを入れすぎ「ない」

私はスケジュール帳を開いて、自分のスケジュール管理をする時間が大好きだ。
ただし、スケジュール帳に書き込まれている予定は、人との予定はほぼない。ほとんどが、自分がいるべき空間やアイデア、自分が考えるべきテーマが書き込まれている。

たとえば、昨夜も家族でホテルに滞在していたのだが、テーマは妻の人生設計に関してのミーティングだった。

妻にも、女としての彼女、母親としての彼女、そして、経営者としての彼女（私の妻は会社を経営している）など複数の顔がある。

これらのバランスが取れ、それぞれにおける役割を満足いくカタチで演じることができていれば幸せだ。

ところが、日々さまざまなことが起こる人生では、定期的に調整していかないと、これらをバランス良く、自分にとって満足できるカタチでキープすることは難しい。
そのため、話し合う時間と場所をあらかじめ決めておき、この時間で調整するようにしているのだ。

家族の存在は、「働かない働き方」を実現するうえで、とても重要なファクターだ。

人生において、ズレたり、ブレたりすることは多々ある。
大事なことは、ズレたり、ブレたりを受け入れたうえで、事前にスケジューリングすることだ。「働かない働き方」を実現するうえでは「スケジュール管理」が最大の肝かもしれない。

また、なるべく働かないためにも、私はアポイントを入れ過ぎないようにしている。これは、アポイントの質を上げたいためであり、このアポイントがお互いにとって本当に良い影響を与え合うようにするためでもある。

多くの方は何となくアポイントを入れるが、アポイントは思っている以上に、お互いのコンディションや時間帯、空間によって、その質が違ってくる。

当たり前だが、マクドナルドで会議するのと、ホテルのラウンジで会議するのとでは、その質はもちろん、お互いから出てくるアイデアも大きく変わる。

また、お互いのアポイントに対する意識レベルによっても、その時間から得られるものは大きく変わるし、インパクトも変わってくる。

これは、ビジネスマンであれば、一度熟考すべきテーマだ。

何となくアポイントを入れてしまいがちだが、アポイントは相手があってこそ成り立つものだからだ。

そして、そのアポイントに対する「気持ち」は、お互いまるで異なる。

たとえば、AさんがBさんにアポイントを取ったとしよう。

朝10時に新宿の喫茶店で待ち合わせして、お茶をする約束だ。AさんはBさんに会いたいようで、新製品のプレゼンをしたいのだが、Bさんは忙しい様子だ。今日だけでも数件のアポイントが入っているようだ。

こうなるとBさんの頭のなかは「Aさんとのアポイントを早く終わらせて、次にどう移ろうか」がメインになるし、Aさんと会っていても頭の片隅にはそれがある。

この状態では、相当にセンスの良い会話をして、忙しいBさんのアポイントのなかでも「特別な状態」になる工夫をしなければ、Aさんの売りたい商品は売れない。何しろBさんは忙しいのだから。

相手のコンディションや状態を事前に把握することで、先に準備しておくことも心構えも変わってくる。

この事実をAさんが理解してアポイントに臨めば、それなりに良い時間になるが、理解していなければ、そのアポイントは良い時間にはならないだろう。お互いの意識が違うからだ。

Aさんは「Bさんに新商品を売ること」を一番意識しているし、Bさんは「たくさん入ったアポイントをこなすこと」を意識している。

アポイントは、お互いの意識や気持ちが乗ってこそ最高の時間と結果になる。だから、アポイントを入れたAさんは、Bさんのアポイントに対する気持ちのレベルを把握する必要があるし、もし相手が乗り気でないのであれば、相手が思わず乗るような状態をつくらなければならない。

これには時間のゆとりが必要だ。

私はアポイントを取っているBさんの気持ちや状態を意識できるように、アポイントそのものをあまり入れないようにしている。Bさんのようにアポイントを入れまくっていたら、相手のことを考えている余裕など持てなくなるからだ。

そして、アポイントを入れないようにしているので、1つひとつのアポイントに対する準備もしっかりできる。

アポイントの前に必ず、今回どのような結果になったら良いのかを明確にイメージし、それを実現するために、自分のコンディションにはとても気をつけている。

・今回のアポイントを通して、どのようにしたいのか？
・相手の気持ちは、どのような状態なのか？
・どんな状態になっていればベストなのか？
・自分が相手にできることは何なのか？
・相手は何を求めているのか？

これらをリラックスしながら考える。つまり、一回一回、丁寧に真剣に取り組むので、わざわざ余計にアポイントを入れて「働かなく」ても良い状態をつくっているのだ。

ノルマがあったり、目標があったりすると、闇雲にアポイントを入れてしまいがちだが、あなたの時間と相手の時間がアポイントを通して重なり合う以上、最高の時間にしたほうがお互いにとって好都合なのは言うまでもない。

これからもスケジュール帳にたくさん書き込まれていくであろうことが、アポイントだ。思っている以上に、アポイントに割いている時間は多い。

だからこそ、もっと工夫する必要があるし、アポイントの意味合いを考える必要がある。

そして、良いアポイントは、間違いなく、あなたのパフォーマンスを良くしてくれるし、働かなくても良い状態をつくってくれる。

予定を入れないことを伝えたいのではなく、しっかり、エネルギーバランスを考え、アポイントを入れたほうが、その質は遥かに高まるということを伝えたい。

人生は時間でできているし、あなたが入れた予定は、その次の予定にも影響を与えている。 最高のスケジューリングをし、良い予定が次の良い予定を生み出す循環をつくっていただきたい。

Think!

□あなたにとって、アポイントとは果たして何だろうか？

□また、どうしたらもっと最高のアポイントにできるだろうか？

□アポイントにおけるあなたがすべき準備や意味、役割を考えていただきたい。

12 お金の稼ぎ方を決め「ない」

お金の稼ぎ方はさまざまに存在している。

たとえば、サラリーマンとして会社に勤め、その労働力の対価としてお金をいただく稼ぎ方。これは私たちが抱いている一番メジャーな稼ぎ方のイメージだ。

他にも不動産オーナーになって、入居者から毎月固定のお金をいただくお金の稼ぎ方。著者になって本を出版し、印税収入を得るお金の稼ぎ方。会社を買って、大きく育てて売却するお金の稼ぎ方。自分のお気に入りの商品を誰かに紹介して、紹介料をもらうお金の稼ぎ方。

例を挙げればキリがないほど、たくさんのお金の稼ぎ方がある。

ここでは「これをしろ、あれをしろ」という提案はしないが、大切なことは、ひとつのお金の稼ぎ方に縛られず、たくさんのお金の稼ぎ方のイメージを持っておくということだ。

この世の中には、たくさんのお金の稼ぎ方が存在していて、これらのイメージを頭の片隅に入れておくことで、徐々にあなたの働き方が変わっていく。

「働かない働き方」を実現している人は、基本的に多くの人と異なることをしている。そして、お金を「即」稼ごうとしていない。今だけのお金を追わないのだ。

だから、ほとんどの人が気づけないチャンスに気づき、その人なりの発想とセンスにより、チャンスをモノにしている。

言い換えると、「働かない働き方」を実現するために、たくさんのお金の稼ぎ方を常に勉強し、研究し、自分なりに取り入れているのだ。

多くの人はお金を稼ごうと意識して、その衝動に駆られて、いつもさまざまな選択をしているが、衝動だけで生きていると、なかなか「働かない働き方」を実現することは難しい。

その理由は、分かりやすくお金を稼げるメリットが打ち出されているものしか見えないからだ。要は「これをすると儲かります」としっかり答えがわかるものしか見えなくなってしまうのだ。

だが、「世の中に存在するお金のさまざまな稼ぎ方を知ってみよう」という好奇心で生きていると、たくさんのお金の稼ぎ方を知ることになる。

そして、好奇心に従って生きているうちに、新しいチャンスに恵まれたり、「働かない働き方」を実現してくれるアイデアに巡り合うようになる。

基本的に、日本においては親の影響を大きく受けるので、だいたいの人のお金の稼ぎ方のイメージは、サラリーマンとして労働力と引き換えに、お金をいただくだけになってしまっている。

そして、このサラリーマンとしてのお金の稼ぎ方だけに満足できない人たちが、書店やインターネットなどで、新しいお金の稼ぎ方を探しはじめる。

最近は、テレビなどで副業解禁のニュースや、大企業の景気が悪いニュースなどが報道されるので、新しい稼ぎ方を手に入れようとする人も増えているようだ。

サラリーマンとしてお金を稼ぐ方法の次に出合う稼ぎ方は、ＭＬＭビジネス（ネットワークビジネス）や不動産投資による不労所得、権利収入、ＦＸや暗号通貨、株式投資などだ。

これらも素晴らしいと思うし、人によっては「働かない働き方」を実現できるだろう。

だが、これだけでイメージを止めてほしくない。

これらは、あくまで手段の話であり、大事なのは世の中に存在するたくさんのお金の稼ぎ方を知ることだ。

たとえば、ＦＸや株式投資が紹介されている本を読んで、「お金を稼げる」という衝動に駆られ、その方法で稼ごうとする。すると、この段階で冷静さを失い、本書で提案している働き方を実現することは難しくなる。

一方、たくさんのお金の稼ぎ方を知ることを念頭に置いて、その好奇心で生きていると、「お金を稼げる」という衝動に駆られずに、他のことにも気づけるようになる。

「ＦＸをするときに使う取引業者は、どうやってお金を稼いでいるのだろう？」
「不動産の売買を取り扱っている会社は、どんなビジネスをしているのかな？」

副産物として、このように他のお金の稼ぎ方を見つけることもできる。

基本的にすべての会社は、何かしらのビジネスを必ずしているので、あなたの辞書にはないお金の稼ぎ方を保有していることは間違いない。

そして、ここであなたの辞書にないお金の稼ぎ方を知れば知るほど、あなたに合った働き方とお金の稼ぎ方が自然に見えてくるようになる。これらが、あなたに「働かない働き方」を実現するアイデアを届けてくれる。

なぜなら、たくさんのお金の稼ぎ方を知っているので、普通の人では思いつきもしない仕組みを思いついてしまうからだ。

私にとってのお金のイメージは、この積み重ねで大きく変わっていった。

昔は「お金は追うものであり稼ぐもの」と思っていた。

だから、飛び込み営業や電話営業などで、こちらからガンガン売っていくと考えていたし、それだけが、お金の稼ぎ方だと思っていた。そのために心理学などを勉強し、限定性や期限などを利用し、一時的なお金を稼いでいたのだ。いわば、狩猟民族だ。

だが、この方法が時代的にも自分にも合っていないことに気づき、お金の稼ぎ方のイメージを変えた(変えたというより、他のお金の稼ぎ方を知って、それまでのお金の稼ぎ方のイメージを壊した)。

お金は「お金を払ってくれる仕組み」をつくって稼ぐものだ。

要は、お金を払ってくれそうな人たちを探し、そこに彼らがお金を「払ってくれる」

仕組みをつくってお金をいただく稼ぎ方だ。

砂漠で喉がカラカラの人にとって、水は宝物に近い。もし彼らが水分を摂取できる選択肢を持っていなかったら、多額の現金を払ってでも水を手に入れるだろう。だが、既に居酒屋の飲み放題で喉をタップリ潤した人にとっては、水は水以下のはずだ。

水を買いたいと思ってくれる人たちがいる場所（砂漠のような）を探し、そこに彼らが水を買える仕組みをつくればいい。

このような仕組みをつくれば、本書で提案している働き方は実現しやすいだろう。

そして、ここ最近はこのイメージもまた変わり、**お金は応援されればされるほど自然に増えるものになっている。**

いわば、世の中に必要とされるものを提案するお金の稼ぎ方だけではなく、人が思わず応援したくなってしまい、どんどん人に紹介したくなる仕組みをつくり、それによってお金をいただくお金の稼ぎ方だ。

私は、このイメージを手に入れたおかげで、自分で把握している以上に、想定外の出来事が起こるようになった（誰かが勝手に応援してくれるので）。

（私が）働かないで（応援という力が）働いてくれる働き方である。

ぜひ、あなたの辞書にないお金の稼ぎ方をたくさん知っていただきたい。これらのストックが増えれば増えるほど「働かない働き方」は実現できる。

Think!

□あなたが知っているお金の稼ぎ方は何だろうか?

□また、どうすればもっとあなたのなかにあるお金の稼ぎ方の辞書は増えるだろうか?

□一度、思いつく限りのお金の稼ぎ方を書き出していただきたい。

13

本に人生を奪われ「ない」

本書をお読みのあなたも、おそらく読書が好きに違いない。もし、好きではなかったとしても、本書を手に取っている時点で「本を読むと何らかのメリットがある」と思われているのではないだろうか。

私自身も読書が大好きだし、「読書をすると何かを得られる」と思っているので、この行為を愛しているし、日々、時間を見つけては読書している。読書をしている時間は特別だ。

本を読むと新しい出合いがある。新しい知識や価値観、自分を痺れさせてくれる物語、ときには考えたこともないような「問い」に出会うこともある。

この出会いを私たちは無意識に好んでいるので、良書を見つけては読書を繰り返すのだ。おそらく新しい自分との、新しい世界との出合いを探しているのだろう。

だが、本を読むという行為を素晴らしいと思う一方、読書によって人生を奪われてはいけないとも思う。とくに本書のようなビジネス書には注意が必要だ。

本にもさまざまな種類があり、すべてが注意というわけではないが、何かが提案されている書籍は慎重に選ぶ必要がある。

たとえば、あるビジネス書に次のようなことが書かれていたとする。

「本当にほしい収入の1／10を自己投資するといい」

おそらく、あなたもこの提案を一度は見たことがあるだろう。果たして本当だろうか。その真偽はさておき、この提案を少しでも目にした時点で、あなたの財布の紐がゆるくなるのは事実だろう。

「これは自己投資になるから投資すべきだ！　だって、1／10なら自己投資に割ける範囲内だし！」

素直な人が本を読むと、このように本に書いてあったフレーズを都合良く解釈し、何でも自分を納得（説得）させてしまう。

意味も、理由も、目的も、とくには考えずに。

当たり前だが、根拠もないし、実際にそのようなことをしても、自己投資する対象を間違えていれば、直接的な収入アップに結びつくことはないだろう。素直な性格の持ち主に限ってはなおさらだ。

また、完璧主義の人は、読書によって「～しなければうまくいかない」という思い込みが生じてしまいがちだ。

「早起きしないと人生は良くならない」

「本に書かれた内容をすべてやらないとうまくいかない」

このような思い込みだ。

日本の義務教育は、すべての教科を勉強させられ（正確にいうと暗記させられ）、それらすべての教科の総合点で評価される。これは、大人になった私たちの脳にもこびりついている場合が多い。

つまり、本を読んでひとつだけやろうというよりも、「全部やらないとダメ」という価値観が根付いてしまっているのだ。全部やらないと評価されない教育を長年受けてきたからだ。

ひとつだけ得意な分野があっても、日本の義務教育では他がすべて苦手だと評価されない。そのため、全部を無理矢理、嫌でもやるしかなくなる。

これにより、ビジネス書を読んだ後も、「あれもこれもすべてやらないとうまくいかない」と無意識で思ってしまいがちなのだ。

「良い内容だった。でも、この本に書いてある内容をキチンと全部やらないとうまくいかないかぁ」

こうした思い込みが無意識に生じてしまう(もちろん読書が何かを得るための目的でなく、ただの研究や興味で読んでいる場合は、こう思うことはないだろう)。たとえば、たまたま書店で見かけた本に「早起きしなさい。成功者は、皆早起きです」と書いてあったとする。

しかし、遺伝子的に早起きが苦手であれば続くはずがないし(もともと夜型と朝型が存在する)、その有用性に気づくことは極めて稀だ。

そして、詰め込み教育をたっぷり受けてきた私たちは「できなかった自分」を追い込み、罪悪感を抱いてしまう。本を読まなかったら、決して感じることのなかった感情だ。

だから、本書を含めたビジネス書には注意してほしい。

行為を提案する本を読んだ場合、人によっては、その行為が「できなかった」際に罪悪感を持ってしまうし、無意識に「その行為をしなければうまくいかない」という思い込みを持ってしまう可能性もある。

冷静に考えればわかることだが、行為の有用性は人さまざまだ。

卵を食べてアレルギーが出る人もいれば、体調が良くなる人もいる。人それぞれ反応は異なるものだ。

その行為が、デフォルトである人間の機能を使うための行為であれば（たとえば、瞑想や深呼吸など）、たしかに取り入れたほうが良いが、それ以外は、その行為に影響を受け過ぎてはいけない。

本書で、提案している行為の数々も（あえて、しないことを提案しているが）、もしかしたら注意が必要かもしれない。

当たり前だが、私たちは同じようで違う人間だ。

近年、トレーニングや栄養学の世界が遺伝子学を取り入れて、その遺伝子に合った食事法をチョイスし、オーダーメイドになりつつあるように、情報や行為に対しても相性がある。

かつては、健康になる方法が、万人共通だと思われていたため、「朝バナナダイエットがいい」などとテレビで言われれば、皆、スーパーに駆けつけて、バナナをむさぼるように食べていた。

しかし、今では人それぞれ相性の良い食べ物や食事の仕方が違うことがわかって、極めてパーソナルなものになりつつある。

これは、読書も同じだ。相性があるし、全部食べる必要はない。著者のペースではなく、あなたのペースで取り入れることに意味がある。

そのうち、Ａｍａｚｏｎなどが完全オーダーメイドで、本やその読み方（読む章）を提案してくれる時代も来るだろうが、本に人生を支配される必要はない。


読書は素晴らしいし、私たちの人生を豊かにしてくれるが、素直すぎたり、完璧主義だったりする場合は注意が必要だ。

では、どこを注意すると良いのか。

それは、行為の提案だ。

とくに「目的」と「手段」が結び付けられていたら慎重になるべきだ。たとえば、ダイエット本だ。

目的……ダイエット
手段……朝バナナ
目的はダイエット。そして、その目的を達成するための手段は朝バナナ。

「ああ、こういう方法もあるんだ」という興味本位で読めたら最高だが、素直な人は「ダイエットには朝バナナしかない！」と思い込み、スーパーに駆けつける。まさに、木を見て森を見ていない状況だ。

ダイエットの方法は、朝バナナダイエットだけのはずがない。ひとつの手段としては考え得るが、ダイエットを成功させるための重要ファクターとは言い難い。

それよりも大事なことは、普遍の真理やシステムを知ることであり、その意味を考えることだ。

ダイエットで言えば、行為の提案を知る前に、代謝を知る必要があるし、どのようにして私たちの身体のなかで、エネルギーが燃焼されているかのプロセスを知る必要がある。

逆に、このような普遍の仕組みやシステムを綴ってある本は、おおいに読むべきだし、もし偏ったノウハウだけが提案されている本を読みながらも、その提案を生んだ仕組みを考えられるのなら、得られるものは増えるだろう。

本は選ぶ必要があるし、読み方にも注意する必要がある。

そして、**あなたが心のどこか奥底で探している答えは、本にはないと知ることだ。本には答えではなく、気づきや学びがある。**この意味を解釈し、咀嚼していただきたい。そこには「働かない働き方」のヒントが隠されている。

Think!

□あなたが本を読む目的は果たして何だろうか？

□また、あなたが今後、最高の読書をするための工夫や意識することを書き出していただきたい。

14

呼吸をしすぎ「ない」

Lifetime Heartbeats and Animal Size					
	Weight	Heart Rate	Longevity	Product	Lifetime Heartbeats
Creature	(grams)	(/minute)	(years)		(billions)
Human	90000	60	70	4200	2.21
Cat	2000	150	15	2250	1.18
Small dog	2000	100	10	1000	0.53
Medium dog	5000	90	15	1350	0.71
Large dog	8000	75	17	1275	0.67
Hamster	60	450	3	1350	0.71
Chicken	1500	275	15	4125	2.17
Monkey	5000	190	15	2850	1.50
Horse	1200000	44	40	1760	0.93
Cow	800000	65	22	1430	0.75
Pig	150000	70	25	1750	0.92
Rabbit	1000	205	9	1845	0.97
Elephant	5000000	30	70	2100	1.1
Giraffe	900000	65	20	1300	0.68
Large whale	120000000	20	80	1600	0.84

「Kottke」Rumi（Casey Chan 米版）

この見出しは意味がわからないかもしれないし、あまり意識している人も少ないかもしれないが、「働かない働き方」を実現するうえで、とても重要なテーマだ。

私は呼吸マニアであり、心拍数マニアだ。心拍数の速さと行動基準をイメージしてもらうために、動物に置き換えて例を出したい。

グラフをご覧いただくと、身体の小さい生き物ほど心拍数が速いことがわかるはずだ。爬虫類や象などは、それなりにゆっくりだ。

これが何を意味するかというと、

心拍数の速い生き物は小刻みな動きが極めて速く、心拍数のゆっくりしている生き物は、行動もゆっくりとしていることをあらわしている。

ちなみに、これは動物の心拍数の「速い」「遅い」のどちらが良いのかを考察しているわけではない。「心拍数」によって、働き方が変わることを伝えているのだ。

動物と違って私たち人間は、心拍数を意図的にコントロールできる。

経験したことがあるかもしれないが、100人の前でプレゼンするのは緊張するだろう。心臓はバクバク状態だ。

この状態で最高のパフォーマンスを発揮するのはなかなか難しい。

また、日々のタスクに追われ、上司の目が気になっている環境下で仕事をこなしていると、心拍数はいつも高い状態になる。自分では気づかないかもしれないが、この状態では心が落ち着かないので、いつか身体を壊れてしまう。

少し専門的な話になるが、私たちには安心して、健康で生きられるように「交感神経」と「副交感神経」という自律神経が存在している。

ご存知の通り、交感神経は、「戦闘モード」のときに働く神経だ。アドレナリンが分泌され、相手を威嚇したり、攻撃したり、瞬時に動いたりできる状態になる。心拍数は「速い状態」だ。

反対に、副交感神経は眠くなっているときや、リラックスしているときに働いている神経だ。心拍数は「ゆっくりな状態」だ。

この両方がバランスよく活動することで、私たちは健康的に、幸せに生きることができる。

しかし、お気づきかもしれないが、現代社会ではどう考えても交感神経が働かざるを得ない。忖度から生まれる残業、鳴り止まないスマホの通知、神経を無理矢理に覚醒させる栄養ドリンク、あなたを追い込む上司やノルマなど……。

意識しない限り、交感神経が働いてばかりの状態なのだ。力を抜いたり、ホッとしたり、安心したりできる時間が極めて少なくなっているからだ。

交感神経が優位な状態が続くと、やがて神経は壊れてしまう。

緊張すると、私たちの心拍数は突然、速くなる。交感神経が優位な状況だ。さて、このときのあなたは果たして「平常」と言えるだろうか。

この緊張時に、クリエイティブな活動や極めて生産性の高い仕組みをつくることはできるだろうか。答えはノーだ。

交感神経優意な状態は、どちらかというと、肉体を使った動作に向いているので、第3次産業以降の仕事に携わっている人には、あまり不要な神経だ。ときには交感神経過多により、衝動的に決断してしまうこともある。

衝動は働くときには不要だ。むしろ、冷静かつ俯瞰的な外さないアイデアのほうが求められている。

そして、良いアイデアは興奮時ではなく、鎮静してリラックスしているときに生まれてくる。

だから、私は心拍数には相当こだわっているし、いつも意識的にコントロールするようにしている。DJが、BPM（心拍数）を意識するように、私たちビジネスマンも心臓のBPMである心拍数にはこだわる必要がある。

「働かない働き方」を実現するために重要なのはアイデアとセンスだが、これらは焦っている状況で生まれることはない。リラックスして落ち着いているときに、自然に生じてくるものだ。

副交感神経が優位のリラックスした状況をつくり出す最大の極意は、深呼吸にある。私は深呼吸を常に意識し、気分を落ち着かせている。

ものすごく気持ちの良い天気の日に、温泉などに浸かりながら、最高の絶景を味わっているときは、誰だって気持ちにゆとりが出て、良いことを思いつくだろう。

心がホッとして、身体の余計な力も抜け、リラックスできているからだ。

この状態は、瞑想や深呼吸によってもすぐにつくり出せる。

そして、リラックスして、鎮静すればするほど、短期的な欲にまみれなくなり、冷静な判断をできるようになる。つまり、「働かない働き方」を可能にしてくれる。

深呼吸は、私たち人間にものすごい影響を及ぼす。

どうやら深呼吸は、動物にはできないことらしい。つまり、私たち人間は自分の心拍数を呼吸により、コントロールできる生き物なのだ。

私は常にＡｐｐｌｅ Ｗａｔｃｈで自分のＢＰＭを測定し、分析しているし、なるべく朝の時間は心拍数が上がらない工夫をしている。

この時間に冷静になって、確実に未来をつくりたいからだ。

心拍数は、自分では気づかないときに勝手に上がっていることも多い。なので、心拍数が上がっているときは、その原因を分析して、不要であれば、それを毎日の生活から取り除くようにしている。

分かったことは、私にとって働かないための心拍数をつくってくれる一番の要素は、家族との時間だった。やはり、家族との時間は、私が働かないようにしてくれる最大の鍵だったのだ。

あなたも自分がリラックスできる環境をつくり上げていただきたい。思っている以上に、私たちは焦っている。

Think!

□あなたがもっともリラックスして落ち着ける瞬間は、どのような状況だろうか？

□毎日もっとリラックスして働くためのアイデアを考えていただきたい。

□可能であれば、Ａｐｐｌｅ Ｗａｔｃｈなどで毎日の心拍数を計り、自分が焦っている時間を見つけて取り除いていこう。

15

同じ業界の人と付き合いすぎ「ない」

繰り返しになるが「働かない働き方」を実現するうえで、重要な鍵となるのはアイデアだ。

それも主観的なアイデアはなく、極めて俯瞰的で、冷静で、時代を捉えたアイデアである。質の高いアイデアは、私たちの働き方を変えてくれる。

では、質の高いアイデアはどのようにつくられるのだろうか。

ある日、私の師にこんなことを教えてもらった。

「海外の最先端の学校は、その学校の中で地球をつくるんだ。つまり、学校内が日本人だけとか、中国人だけとかに偏らないように、比率を決めてバランスをうまく取っているんだ」

これは、グローバル化に慣れ親しむ意図もあるが、こうした環境にすることで、多面的に自分を観察でき、子どもは自分の才能や強みに気づきやすくなり、成長しやすくなる。

背の高い人を見て、自分の背が低いことに気づけるように、さまざまな違いを見つけることで、人は自分のポジション（自分らしさ）を見つけることができる。

そして、このような環境下で自分を客観的、俯瞰的に見ることができると、社会における自分の活かし方も分かるようになる。さまざまな違いに触れることで、アイデアも自然に湧いてくるようになるのだ。

明らかな違いを見ることで、自分がわかり、アイデアが出る。これが世界最先端の学校の仕組みだ。


では、そのような学校に通っていない私たちは、どうすれば良いのか。

同じ業界の人とだけ付き合うことをやめ、ありとあらゆる職種、年代の人と付き合うようにすることだ。

私たちは世の中から求められる本当の自分の価値を理解していない。

前述した「鳥は空気が見えない。魚は水が見えない。人間は自分が見えない」という中国の諺通り、私たちは自分のことを冷静かつ俯瞰的に見えていないのだ。

私たちの最大の問題は、世界における自分の位置が見えないことにある。

世界から見たときに、自分の何が尖っていて、何が人の役に立つのか。

そして、何が不向きであり、やるべきではないことなのか。

こうしたことが分かっていないのだ。

会社の中での自分のポジションや役割は把握しているかもしれないが、それが本当にあなたの才能なのかはまた別の話だ。その組織の中で、たまたまその役割を担っているだけで、本当のあなたの価値は別のところにあるかもしれない。

だから、違う業種の人やさまざまな世代の人と付き合う必要がある。

日本と海外の常識がまったく異なるように、あなたがいる業界と異なる業界では常識も異なる。

あなたが同じ業界の人とだけ付き合っている以上、その違いに気づくことはない。

つまり、狭い業界の中での評価基準によって見える自分のことしか理解できないため、世界や業界外で通じる「自分」に気づくことができないのだ。

そう、本当の意味で世の中から求められる、頑張らないで通用するあなた自身の価値に気づけない

自分が思っている自分自身と、世界から求められている自分自身は異なる場合も

多い。ここに大きなギャップがあればあるほど、働くことで苦労する。

なぜなら、あなたが思っている「あなた」と、世の中から本当の意味で求められる「あなた」は別物だからだ。

仮にあなたが「俺はリーダーだ」と思っていたとしても、あなたの才能が人をサポートしたり、マネージしたりすることであったなら、そのギャップに苦しむことになる。

この両者が一致したとき、「働かない働き方」は実現可能になる。つまり、あなたは働いているつもりはないけれど、勝手に働いてしまっている状態がつくれるのだ。

先の例で言えば、あなたが自然にマネージしたり、人のサポートをしたりしてしまうので、気付いたらまわりから評価されて結果が出てしまう。

いわば天職であり、自分でも気づかないうちにまわりに与えている無意識ギブで働く状況ができあがるのだ。

この本当の自分、世の中から求められる自分を知る鍵は、自分を多面的かつ俯瞰的に見ることであり、さまざまな業界の人と付き合うことだ。

海外に出て、日本の良いところ、悪いところに初めて気づけるように、あなたの常識の外側（異業種や世代）にいる人と付き合うことで、本当のあなたのことを知ることができる。

常に同じ職場の人、同じ業界の人といるようでは、それが当たり前となり、常識となってしまうが、その常識は、あなたとあなたの業界の中だけで通用するものであり、業界や世代というボーダーを越えれば、まったく常識でなくなる。

私たちは身近にあるものを過小評価しがちだが、違う業界の人と付き合うことで、別の角度から自分の活動や価値を捉えられるようになる。そして気づくのだ。

「これが俺の強みや才能だ」

「今まで当たり前と思っていたけれど、実は大チャンスかもしれない」

本当の価値は、実は身近にあり過ぎて、自分では気づきにくい。

当たり前や常識は、私たちが「働かない働き方」を実現するときの最大の敵だ。

これらは気づかないうちにできあがっているし、できあがっていることにすら気づきにくい。

だからこそ、勝手にできあがった常識を打ち壊すスケジュール（異業種の人に会ったり、旅に出かけたりなど）を意識的に入れ、常識を壊す必要がある。

常識が壊れた瞬間、脳からは洪水のようにアイデアが溢れ出る。

この絶妙なサイクルが、あなたのポジションを見つけてくれるだけでなく、常に外さないクリエイティブなアイデアを脳にもたらしてくれるのだ。

それなりに向上心や研究心がある人（オタクと言われる）ほど、自分を過小評価している傾向にあり、積み重ねたスキルや才能を軽視しがちだ。

異業種や世代の違う人たちと会い、積極的に常識を壊す必要がある。自分の新しい活かし方を知れたときほど、ワクワクする瞬間はない。

Think!

□あなたが思っている自分の価値と、世の中から求められる自分の価値をじっくり考えて書き出してみよう。

□また、どうすれば、あなたの中にできあがった常識を壊し、自分の価値に気づけるのか。その具体的な仕組みを考えていただきたい。

16

イエスもノーも言わ「ない」

「日本人は断ることが苦手」と言われている。

たしかに忖度が得意な私たち日本人は、個人の意見より組織の意見を優先することが望ましいと考えてしまうため（ハイコンテキストカルチャー）、なかなか断れないのも事実である。

かといって、「ノー」とはっきりと告げ、あなたはスッキリするかもしれないが、それは何かを拒み、断っていることでもあるので、「働かない働き方」を実現することは難しいだろう。

私自身は「イエス」も「ノー」もあまり言わないようにしている。

もちろん、自分や組織にとって「良い選択」と判断した場合は、どちらかを答えるようにしているが滅多に使うことはない。

つまり、「イエス」と「ノー」の回答だけでは意見を伝えられないのだ。

では、「イエス」と「ノー」の代わりに何を使っているかというと、新しい提案だ。

つまり、新しい選択肢をつくり、提案している。

Aという選択肢とBという選択肢しか存在しないとき、私はあえてCという選択肢をつくりだし、それを提案するようにしているのだ。交渉しているのだ。

このCという選択肢がある（Cという選択肢も提案して良い）ことを覚えておくことで、無理に「イエス」と「ノー」だけで答えなくても良くなる。

実は「イエス」と「ノー」でしか答えられない質問や提案というのは、二極論で返事をすること自体が難しいのだが、あらかじめ用意された「イエス」や「ノー」だけでどうしても答えようとしてしまうのが私たちだ。

少し話はそれるが、なぜ、私たちは「ノー」と言えないのかを考えてみたい。

これは、戦後、大きく時代が変化したためだと私は考えている。つまり、時代の変化に、私たちの心や身体が追いついていないのだ。さらに言えば遺伝子さえも。

私たちは食べられなくなることを恐れているし、種の保存ができなくなることを遺伝子は恐れている。

そのため、生か死かの瀬戸際で日々生き抜いていた時代（狩猟時代など）は、目の前に獲物があったら、「イエス」「ノー」などを考える暇もなく、即、本能が反応し、ハンティングしていた。

「イエス」を本能レベルで選択しないと生きていけなかったのだ。

つまり、自分や家族が死なないために、ありとあらゆるものを取り入れ、キープするように（保存するように）プログラミングされてしまっているのだ。

闇雲にお金を貯めたくなるのも、この本能から来る司令だ。

だから、食べ物については時代がどれだけ変わり、技術が発達したとしても溜め込みたくなるし、「ノー」と答えるのは難しい。

知人に「おいしい黒毛和牛をご馳走するよ」と誘われれば、ダイエット中であっても「ノー」と即答できる人はいないだろう。

つまり、餓死することと無縁と分かっていても、遺伝子は反応してしまうのだ（ダイエットに成功できない理由もここにある）。

このことは、食べ物ほどではなくとも他にも通じることだ。

たとえば、戦後、焼け野原の時代の日本にはモノがなかった。情報なども今では溢れているが、当時はまるで状況が違う。

つまり、飢えている状態だ。

本能レベルで何かをほしい時代なので、「ほしいか、ほしくないか」と聞かれたら、迷わず「イエス」と答えていたのだ。

合言葉は「もったいない」であり、「もらえるものはもらっておこう」根性だったので、「自分に必要か不必要か」などは考えることもなく、「イエス」と即答していたのだ。

身近にないもの（手に入りづらいもの）には、とくに価値を感じるのが私たち人間なので、どんどんモノが売れた。

しかし、時代は変わり、現在社会ではモノもあって、触れることもできる。ついには、情報も溢れる時代にシフトした。

ＳＮＳの登場により、情報だけでなく、簡単に人と出会えるようにもなったので、「自分の人生に登場する人の数」も急激に増えているのだ。

遺伝子だけでなく、かつての時代の「もったいない」根性に従った生活をしていては、どんどん自分の中がカオスになる。

つまり、「ノー」と答えられないのは当然だ。「イエス」と言ったほうが「生存確率は上がる」とどこかで思っているため、どうしても「イエス」と言いたくなってしまうのだ。

ところが、ここ数年、日本人が苦手な「ノー」を発言しようというメッセージが横行しているようだ。うまく断って「自分を大事にしよう」という個人主義を主張するメッセージだ。

「イエス」ばかり回答していると、脳内がカオスになり、人からの誘いばかりで忙しくなり、最終的に自分が疲労してしまうから、ほどよく断ったほうがハッピーになれるという提案だ。

ないものに委ねるのが私たち人間の性なので、これらを取り入れる人も増えていった。断捨離などもこのひとつの流れだろう。

これは、たしかに自分を守るために、自分らしい人生を送るために大事なメッセージに違いないが、「ノー」という回答は、本書のテーマである「働かない働き方」を実現する際には、少しばかり足手まといな提案だ。

私たちは極力働かないで働く方法を目指している。

限りあるチャンス（あなたの代わりに働いてくれるもの）を最大限に活かして、そのチャンスに働いてもらうことが目的なのだ。

「ノー」と断ることで、あなたの時間や心のゆとりは増えるかもしれないが、「働かない働き方」を実現することは難しくなる。

なぜなら、それはチャンスを拒む姿勢であり、「ノー」と断ったその相手は、おそらく二度とあなたに提案してくることはないからだ。

しかし、この世界は、あなただけのタイミングで成り立っているわけではない。あなたのタイミングが悪かっただけで断ってしまうのは非常にもったいない。


それでも今はチャンスが四方八方からやってくる時代でもある。遺伝子が常に刺激される環境にさらされている。

かつてないほど意思決定の機会も多いので、非常に疲れる。いちいち判断しなければいけないわけだが、かといって「イエス」「ノー」を即答しなくても良いはずだ。

だから、私は午前中にしか決断しない。

午後以降にやってくる選択は、冷静に判断できないことが多いため、大事なこと以外は「保留」だし、後回し(翌日の朝)だ。

そして、もっとも冷静な判断ができる午前中にだけ、判断する。

それも、反射的に断捨離したり、「ノー」と断ったりするのでなく、お互いにとってベストな（かつ自分が働かないで働けるような）提案をするようにしている。

つまり、交渉をしている。

和を大事にしてきた私たち日本人にとっては、あまり馴染みがないスキルかもしれない。人によっては多少の罪悪感を持ってしまうスキルかもしれない。

しかし、新しい第三の提案をするスキルであり、あなたを働かないようにしてくれる最大のスキルでもある。

この交渉というもっとも重要なスキルを身につければ、「イエス」と即答して、無理矢理に自分をつらいほうに向かわせる必要もなくなり、「ノー」と自分を守る返答を恐る恐るして、チャンスを棒に振ることもなくなる。

あなたにとって都合の良いような、そして、相手にとっても都合の良いような新しい選択肢をつくり出し、それを提案すればいい。

将棋やチェスなどと違って、テーブルの上に存在するだけの「駒」から選択をする必要はない。それで良い場合もあるが、ほとんどが第三の選択肢をつくって良い状況ばかりだ。

だから、あなたにとって、そして、相手にとっても良い答えを考え、その第三の選択肢を提案すればいい。

相手だけでなく、あなたにとってもおいしい交渉術を身につけるためには、次の2つを覚えておくといい。

1　テーブルの上にない選択肢もテーブルに乗せて良いと知ること（AかBしか選択肢がない場面でもCをつくり出して良い）

2　相手の気づいていないメリットと、あなたの隠れたメリットを必ず探し出して、それらが重なり合う提案をすること

ひとつ目は前述した通り、「イエス」と「ノー」だけで答える必要がないと知っているので、これからそのような選択を委ねられる場面に遭遇したときには、このことを思い出せるだろう。

一方でふたつ目は、練習が必要だ。日頃から相手の気づいていないメリットと、自分のメリットを発見する練習だ。

たとえば、大好きな恋人とのデートも、このスキルはどんどん磨かれていく。デート先を選んでいくことは、あなたの好きな場所と相手の好きな場所を一致させる作業だ。

もちろん、相手に100％委ねるのもアリだが、最初は良いとしてもやはり長期的な関係を築いていくときには、やがて我慢している状態になりかねない。

だから、相手（恋人）が気づいていないけれど実は好きなデート先を探して、そして、あなたの好きなデート先も見つけ出すのだ。

もしかしたら、海が好きな恋人は公園も好きかもしれないし、静かな落ち着いた場所が好きなあなたも公園が好きかもしれない。

ただし、ここで「公園に行こう」と提案するだけでは寂しい。相手がスタバ好きで話し好きであれば、それもデートコースに組み込む。

「スタバでおいしい新作のドリンク買って、公園でちょっと散歩しながら、最近のお互いの好きなところを話さない？」

こう提案する。

両者の気づいていないメリットを瞬時に見つけ出し、それを提案するスキルがあれば、そのセンスの良い提案でお互いの未来はより輝いていく。

ビジネスであれば、その提案によってさらに働く必要がなくなっていく。

日常的にする判断を楽しみ、そして提案する癖をつけていただきたい。

こんな時代だからこそ、「イエス」と「ノー」だけで決めずに、それなりの提案をすれば、時代の波を活かせるようになる。

Think!

□あなたが自分の意見を持ち、適切なタイミングで伝えられるようになるために は何をすべきだろうか?

□また、「イエス」と「ノー」でなく、第三の選択をどうすればもっと一瞬でつくり出せるようになるだろうか?

17

報酬をお金だけにしない「ない」

私は会社を数社経営している。関わっているプロジェクトも多い。

正直なところ、このプロジェクトの量は普通に処理していたら、午前中だけでは終わらない量だ。

だが、「働かない働き方」を実践しているので、午前中しか働かない。そして、これらすべてのプロジェクトは確実に遂行される。

この最大の理由はチームマネジメント術にある。

プロジェクトに関わっている人はそれなりに多いが、そのほとんどが私の会社の社員ではない。会社を大きくするために人を雇うことに躊躇しているからだ。

では、誰とプロジェクトをおこなっているかというと、信頼しているビジネスパートナーだ。それは法人の場合もあれば、フリーランスのような個人の場合もある。


プロジェクトには、目標と期限がある。

そして、そのプロジェクトを遂行するには、その目標の大きさや期限によって、それなりの人材が必要だ。当たり前だが、一人でできることは少ないが、自分では持っていない才能を持っている人と組むことで、大きなことができるようになる。

このプロジェクトにどこまでお互いの思いを込めることができるか。これによってプロジェクトの結果は大きく変わってくる。

お金だけが目的で入社した社員をやりたくもないプロジェクトに配置したら、そのプロジェクトはうまくいかないだろう。

「給料がこれぐらいだから、こんなもんでしょ」

このような基準で働くので、突出した結果を出すことは難しい。

私は「働かない働き方」を実現したいので、「1」言われたことを「1」だけしかできない人とは働けない。

そのプロジェクトの目的や趣旨を理解し、自分で何をすれば良いか気づき、言われなくても自主的に行動できる人と働いている。

かつての時代のリーダーは、自分の叶えたいビジョンを叶えるために、鼓舞して部下を引き連れ、「自分についてこい」というスタンスで、適切な人材を適切な場所に配置し、尻を叩きながら管理していた。

今でもこの方法で、プロジェクトをマネージし、遂行している会社も多いと思う。

だが、私はこのやり方が合わないと判断したため(働く量が増えるため)、まったく異なるプロジェクトマネジメント術を取り入れている。

その方法は、社員をなるべく雇わず(もちろん、最低限は雇っているが)、自分以上に「確実にプロジェクトを遂行しよう」と思ってくれる人と、一緒におこなうことだ。

これは「働かない働き方」を実現できる方法でもある。要は、あなた以上に本気でそのプロジェクトを達成したいと思っている人と、適切な関係を築き、プロジェクトを進める。

戦略などももちろん大事だが、プロジェクトの達成における一番の鍵は、「そのプロジェクトを本気で達成したいと思う人が、どれだけチームにいるか」だ。

当たり前だが、発起人だけ気合が入っていて、そのプロジェクトに関わっている人たちが、なんとなくやっている状況下では、プロジェクトがうまくいく可能性は極めて低い。

だが、発起人以上にチームのメンバーがそのプロジェクトを達成したいと強く思っている場合は、プロジェクトはものすごいスピードで達成されるし、想像以上の結果が出る。

これは学生時代の部活動や文化祭などで学んだことだが、すべての結果は、その結果を出そうとしている人たちの「想いの量」に左右される。

学生時代の部活動などは、ほとんど損得勘定などの意識が存在しない。お金ではないので、そこに膨大な想いが注がれ、最高の結果になるのだ。

ただ、青春の1ページとして自分のやりたいことにひたすら全力で取り組んで、日々、そのことだけを必死に考えているに違いない。

老後のことや貯金のこと、今夜の夕飯の準備や家賃の支払いなどを気にすることがさほどないので、皆それなりに想いを注ぎやすい。

だから、試合や発表会などの場では、奇跡と呼ばれるような予想以上の結果が起きやすいのだ(甲子園などもまさのそのひとつだ)。

私はこの経験から、常にそのプロジェクトに「どれだけの想いが注がれているか」を意識するようにしているし、プロジェクトメンバーに想いを注ぐように意図(マネジメント)しなくても、メンバーが自主的に想いを注いでくれる仕組みをつくることを思いついた。

マネジメントしないマネジメント術だ。

こうなってくると、社員を雇う必要はなくなってくる。もちろん、ものすごい想いを注いでくれる人を雇うこともありだが、毎月の給料の支払いが生じることにより、相当の人でない限り、その強い想いは持続しない。だから、必要以上に雇用しないのだ。

つまり、社員という形にしないほうが、それぞれがリーダーの自覚を持ちやすく、責任感も生まれ、最高のパフォーマンスを発揮できると考えている。

マネジメントしないようにするためには、そのプロジェクトに想いや意識を注げる適材となる人を集めること。そして、彼らがさらに想いを注げる仕組みをつくることだ。

前者の「良い人材集め」は、あなたのビジョンや想いに共感して集まってくる人たちが大きな鍵となるので、あなたのビジョンやイメージを鮮明にし、伝えていく必要がある。

つまりは、アウトプットだ。会社なら理念とも言う。

あなたの世界観やビジョンに共感してくれる人は、この世界のどこかに存在している。もちろん本当に叶えたいビジョンであることが大前提であるが。

また、幸いにも今の時代はインターネットがあるので、地球の裏側までも想いを届けることができる。

だから、あなたが彼らに届くようなメッセージ（未来や世の中へのインパクトを綴った）を日頃から発信していくことで、プロジェクトメンバーを引き寄せることができる。

もちろん彼らの強みや才能、無意識ギブを発見し、その活かし方を教えてあげる必要もある。

後者の「想いを注げる仕組み」は、そのプロジェクトメンバーがプロジェクトに100％想いを注げるように、想いを注げない理由を排除していくことだ。注げるようにするのではなく、注げなくなっている理由を、すべて一緒に取り除いてあげれば良い。

私たちはほぼ必ずと言って良いほど、人に話したり、相談したりすることをタブーだと思っている。それは家族関係かもしれないし、精神的な問題かもしれないし、金銭的なことかもしれない。

それらは毎日の生活のなかで外側に出ることはないが、これらがどこか頭の片隅にあると、なかなかやるべきことに集中できないものだ。恋人にフラれた日には、仕事がまったく手につかないように。

私は、このタブーとされている「なかなか人には話せないテーマ」を全力で理解するようにし、聞き出すようにしている。そのために、いつでも相談してもらえる状態をつくっているのだ。

つまり、私が、彼らの気になっていることを彼ら以上に気にするようにしているのだ。こうすることで、彼らはプロジェクトに全力を注げるようになる。

これによって、そのプロジェクトは一切マネジメントなどしなくても勝手に遂行されることになる。管理などしなくてもだ。

いわゆるカンフル剤のような、一時的にモチベーションを上げるようなことも一切しない。つまり、お金というニンジンだけを報酬としてぶら下げ、それによってプロジェクトに関わる人を集め、協力してもらおうとは思わない。

これではお金だけが目的の人がプロジェクトに関わることになるので、想いが注がれにくい状態になってしまう。

彼らは、お金の対価として働くことがメインのモチベーションなので、最低限のことしかやってくれない。私にとってこの状態は好ましくない。

今は「終身雇用されたい」と思っている人以上に、「自分の想いを１００％注ぎたい」「才能と強みを最大限に発揮したい」と思っている天才たちが多い。

だが、大概の天才は、現代社会に潜む数々の罠によって、なかなか才能を発揮できる環境を見つけられず、全力投球できないでいる。

もしかしたら、あなたも密かにそう思っているひとりかもしれない。

ぜひ、お金だけを目当てにしない人との出会いを大事にしてほしいし、そんな人たちとお互いのパフォーマンスを発揮できる仕組みをつくり、最高のプロジェクトを実現していただきたい。

これほど、幸せな「働かない働き方」はない。

Think!

□どうすれば、自分とチームメンバーがもっと一致団結して、プロジェクトに意識を注げるのだろうか？

□どうすれば、学生時代の部活動のように、皆が全力で情熱を捧げる仕組みをつくることができるのだろうか？

以上が、「働かない働き方」を実現するための17のリストだ。
「俺にもできそう」「ちょっと難しいかも」「もう一回読んで落とし込んでみよう」などと思うかもしれない。人それぞれバックグラウンドや従事している仕事は違うだろうが、「働く行為」は一度は経験しているはずだ。

そして、この行為は、想像以上に私たちの人生に大きな影響を与えている。この行為によって身体を壊す人もいれば、自分だけでなく、世の中にもバランスよく貢献し、毎日を充実させている人もいる。

同じ行為ではあるが、その行為を通して得られるものは、その人によって大きく違っているのも事実だ。

だが、働くという行為は人生で重要な「位置」にありながらも、現代社会では、その行為そのものを見直したり、冷静に考えたりする機会はなかなかないように思える（学校教育にあればベストなのだが）。

機会とは、「真剣にそのことについて考える時間と空間を用意すること」だ。

一度、あなたにとっての働くという行為を見直していただければと思う。もちろん、働かないことも含めてである。

第2部

働かない働き方を可能にする
ビジネスモデルのつくり方

STEP0　スモールビジネスは隙間時間につくる

本章では、「働かない働き方」を実現するためのビジネスモデルのつくり方を公開していく。

あらかじめ理解いただきたいことは「働かない働き方」を実現するには、自分でビジネスをしたほうが確実かつ速いということだ。その理由は会社勤めの場合は、勤め先に交渉をしなければならないからだ。

実際に、会社にオファーをして、1日数時間だけ在宅で働いている人もいるが、やはり理解のある会社でないとなかなか時間を要する。

しかし、だからといってあきらめる必要はない。

今から、働かない働き方を実現するためのビジネスモデルのつくり方を公開していくからだ。この方法は勤め先の会社に交渉していき、「働かない働き方」を実現する方法ではない。

実際にあなたがスモールビジネスを構築し、「働かない働き方」を実現するための方法だ。個人でまわせるスモールビジネスを隙間時間につくっておくのは悪くないし、今の時代、それで十分だ。

インフラは整っているので、あとは、あなたの意識とセンス次第だ。ここからは、その意識の置き方とセンスを伝えていく。

たとえ、すぐこのビジネスモデルが実現できなかったとしても、考え方のひとつとして頭の片隅においてもらえればと思う。必ず、いつか役に立つ日は来る。

STEP1　極力働かないビジネスモデルのつくり方

極力働かないで働くために重要になってくるのが、どんなビジネスモデルを構築するかだ。ここに何より意識と時間を注ぐべきだ。

不労所得の例でお馴染みのパブロフとブルーノではないが、最初から「働かない働き方」を実現するためのビジネスモデルの設計図を描いておくことで、ポイントを抑えながら進めることができる。

「働かない働き方」のオーナーになるには、常に全体を把握する必要があるし、ポイントを理解していないといけない。

働かない働き方を実現するための最大の手段であるスモールビジネスオーナは、分業されたポジションで働くサラリーマンと違って、全体を見なければならない。

具体的には、

・マーケティング（商売設計）

・マネジメント（管理能力）
・ファイナンス（財務・会計）
・リーダーシップ（教育）

などだ。これが一般的にはビジネスをしていくうえでは必要不可欠と言われている。だが、本書では、これらについて説明していくわけではない。もっと「働かないこと」に直結する重要なエッセンスをお伝えしていく。

ビジネスとは、お客様（ビジネスモデルによっては企業だったり）に商品やサービスを購入していただき、価値と交換することだ。

そして、その一連の流れを因数分解すると、基本的には次の3つの構造になる。

1　集客（マーケティング）
2　信頼構築（マーケティング）
3　セールス（マネタイズ）

ビジネスモデルによって多少の違いはあれども、この3つが基本的な鍵になる。それぞれのポイントは後ほど解説するが、この3つをセンスよくデザインしていくことで、なるべくあなたが働かなくても働いてしまっている状態をつくることができるのだ。

重要なのは、これらが自動で働いてくれる「仕組み」をしっかりとつくることにある。そう、仕組みをつくることをとにかく意識するのだ。

それは、お客様が勝手に集まって来る仕組みであり、お客様が勝手にあなたの商品やサービスを信頼してしまう仕組みであり、自動販売機のように勝手に売れて決済できてしまう仕組みだ。

仕組みとはその名の通り、システムであり、あなたが存在しなくてもまわる循環のことだ。これを意識的につくる。

多くの商売人は「商品をつくること」と「売ること」にしか意識を置いていないが、もしあなたが「働かない働き方」を実現したければ、これらが「自動的に働いてくれる仕組み」をつくることだ。

仕組みをつくることは、すぐにはできないだろう。コツコツが必要だ。

だが、一度仕組みをつくると、定期的なメンテナンスだけで、その仕組みを維持し、成り立たせることができるようになる。

実際、私が週21時間だけで数社経営しながら、新規事業をどんどん立ち上げられている最大の理由はここにある。

つまり、仕組みを意識的につくり、その仕組みをメンテナンスしながら、また次の仕組みをつくり続けているのだ。

3つの要素のなかで、とくに一番になるポイントは「集客の仕組み」だ。つまり、お客様が集まってくる仕組みである。大抵のビジネスはここでつまずく。要は、お客様を集められなくなるから、ほとんどの人は、ここに時間を割いて働いている。

逆に言えば、ここをクリアできれば、あなたが働かなくてもビジネスはまわるようになる。

どんな商売だろうが、お客様がいなければ成り立たず、彼らがあなたのサービスや商品を知り、そして信頼し、かつお金を払ってくれることで初めて売上は上がる。

これはとても大事なことなので、ＳＴＥＰ３でまた詳しく解説させていただく。

いずれにしても、この3つの要素だけ頭に叩き込んでいただき、これからの24時間を過ごしていただきたい。そして、日常で触れるビジネスモデルを自分なりに分解し、分析いただきたい。

・お客様を集める、いや集まってくる仕組みはどうやったらつくれるのか？
・そして、集まったお客様が商品やサービスを信頼したくなってしまう仕組みはどうやったらつくれるのか？
・最後に、どうやったらお客様にお金を払ってもらう仕組みをつくれるのか？
・右記の3つを自動化するにはどうすれば良いのか？

これをとにかく考える。ここに意識を注ぐ。意識を注ぐと、日常で触れるビジネスにおいて、さまざまなポイントに気づけるようになる。

「このお店は、このように集客して、ここが信頼となって、お客様がお金を払ってくださっているのだな」

「この八百屋さんはいつも暇そうだけど、どうやって飯を食っているのだろう。オーナーさんに聞いてみよう」
「この会社は、こうやってお客様からの信頼を獲得しているのだな」

先程のポイントを意識するだけで、このように、これまで気づくことのなかったヒントが見えてくるようになる。

自分がサービスを受けたり、商品を購入したりする際、さまざまなビジネスを自然に分解して考えられるようになるのだ。これが癖になると、毎日がさらに楽しく、ゴキゲンになる。

世の中のカラクリが分かった感覚になり、さらにあなたの外側にある新しい世界である外宇宙に興味を持てるようになるのだ。

そして、まるでピカソのモナリザを見るかのように、何かを見ながら、その背景を推理したり、味わったりなど、日常に溢れるお金を絡めたアートであるビジネスモデルを楽しめる毎日にシフトしていく。

なぜなら、ビジネスという作品には、それぞれの起業家や経営者の深い想いや意識、工夫が集約されているからだ。

彼らが何十年、何百年という期間を経て学んだことやたどり着いた工夫を、あなたの意識で汲み取り、感じ取っていく。

いきなり分かるようになるわけではないが、これは技術なので、しっかりと意識することで気づけるようになる(儲けることしか意識していないビジネスもあるので、それにも気づけるようになる)。

余談だが、これができると、あなたにとって、この動作自体が最高のモチベーション材料になるし、ときにはあなたの人生に大きな影響を与えることにもなる。

参考までに私の例をシェアしたい。

本書を執筆中に滞在しているコンドミニアムの近くに、こじんまりとしたカフェで見つけた感動だ。

私は今、家族で北米に滞在している。子どもが小さいため、レストランやカフェなどに行くときには、ＧｏｏｇｌｅやＹＥＬＰ(海外の食べログのようなもの)などで事前に調べるようにしている。

この宿に着いた当日は一服したかったので、宿から徒歩5分以内のカフェを検索したところ、とてつもなく高評価のカフェを発見した。Ｇｏｏｇｌｅの評価が、４・8と強烈な評価だった（私はカフェマニアなので、それまでも同じ地域で20を超えるカフェを巡ったが、４・４が最高だった！）。

妻と「これは行くしかない！」と飛び跳ね、早速、足を運んでみた。

ところが、内装は至って普通の小さなカフェだった。いつも通り、カプチーノとソイラテを頼んでみたが、味も至って普通。おいしいサードウェーブコーヒーではあるが、そこまで飛び抜けるほどではなかった。

なぜ、人気なのか？

なぜ、ここまで評価が良いのか？

だが、オーナーを見てその高評価の秘密が分かった。オーナーは大変な人格者であり、ものすごくサービス精神溢れる人だったのだ。

忙しいにも関わらず、お客様一人ひとりに愛情を配り、全力でサービスをしていた。店内に滞在しているお客様一人ひとりに声をかけていたのだ。もちろん私たち家族にも。

私はこのシーンを目撃して、一瞬にしてそのお店のファンになった。オーナーの生き様や姿勢に惚れた瞬間だ。

この出会いにより、私たち家族はそのお店の濃いリピーターになった。

彼のサービス精神はもちろんだが、「一人ひとりを大事にしている姿勢」に感動し、心を動かされたのだ。信頼が一瞬で構築された瞬間である。

日常には、このように一見分からないものの、ビジネスのヒントとなる意識の集大成が、あちこちに隠れている。彼らが人生をかけて編み出した工夫の集大成。

これが隠れている。ただし、説明書はどこにもないので、頭のなかをスマホに奪われていたら決して気づくことはないだろう。

すべてのビジネスは、複数の要素が絡み合って美しくひとつの集合体を形成している。

そして、その形成している要素を頭に入れ、日常に溢れるビジネスを味わって観察することで、そのビジネスを形成する要素ごとのツボやポイントを発見できるようになる。

・システムを把握（頭に入れて）して、日常を楽しむこと
・サービス提供者の意識や工夫を理解しようとすること

これを習慣づけると、日常からさまざまな気づきを得られるようになる。そして、これまでは気づかないことにも気づけるようになる。

たとえば、コンビニのレジは、なぜ入り口正面にないのかなどだ（ぜひ、一度考えていただきたい工夫だ）。

このように、いつもだったら深く考えずにスルーしてしまうことに気づき、考えるようになることで、あなたのビジネス力はどんどん上がっていく。

そして、今まではお客様目線でしかなかったところに、「販売者としての視点」が加わるようになる。販売者としての視点を獲得すると、彼らが意識していることに気づけるようにもなる。

繰り返すが、ビジネスのシステム（意識することによって「働かない働き方」を実現しやすい）は、大きく分解すると次の通りだ。

1　集客（認知させること）
2　信頼構築（信頼してもらうこと）
3　セールス（お金を払ってもらうこと）

これからイケているサービスやお店に出合ったときには、これらを分析していただきたい。

「なんとなくは分かったけど、今まったくビジネスのアイデアが浮かばなくて。思いついても他にやっている方がいるし……」

大丈夫だ。次のＳＴＥＰであなただけの強みを活かしたビジネスモデルのつくり方を具体的に解説していく。

STEP2　競合のないニッチに入り込む

私がおこなっているすべてのビジネスは永続性があり、競合他社がいないものばかりだ。

これは価値観の問題かもしれないが、私は「闘わないビジネス」が好きであり、ライバルと競争という考え方が好きではないからだ。

むしろ他社を紹介したいと思える、ウィンウィンになりやすいビジネスを意識的に立ち上げるようにしている。今伸びている市場に、真っ向勝負で入ったりはしないのだ。

たしかに伸びている市場に参入することで、爆発的な利益を見込めるかもしれないが、ライバルや大手が参入しやすい市場であればあるほど、永続性は低くなり、働かないで働くことは困難になる。

パイの奪い合いなどは、場合によっては組織の闘争心を掻き立て、結束力を高めてくれるが個人的にはお勧めしない。

「勝った」「負けた」というエネルギーは、ときに大きなパワーになるが、相当の根性がないと長続きはしない。アドレナリン的な働き方なので疲れるのだ。

戦後の日本の働き方がまさにこれだ。

ある意味ストレスが溜まる働き方なので、その疲れを癒すために働かないといけなくなる。

だから、私は競合がいない「ニッチ」と呼ばれる隙間産業で、ビジネスを立ち上げるようにしている。

これはそれほど大きな市場ではないので、爆発的な売上や規模の大きなビジネスは見込めないが、たいして働かなくとも長続きし、ライバルと闘わないで済む。

また、ニッチでビジネスをおこなう理由は、ただ働かないだけでない。

- **他社と闘わないので、チームや社員も独自のビジネスをしているという満足感と誇りを感じ、プライドを持てる**
- **ウィンウィンになりやすいので、紹介してもらいやすい**
- **前例や比較対象がないビジネスなので、お客様がファンになりやすい**

このようなメリットがあるので、私はニッチを推奨しているし、ニッチなビジネスを立ち上げるようにしている。

とくに社員やチームがやる気になってくれることは一番大きい。負けがなく、自社だけのフィールドでビジネスをおこなうことができるからだ。これにより、限りなく、クリエイティブに楽しく働くことができるようになる。

では、どうやってニッチを見つけるのか。

見つけ方はさまざまにあるが、方法は至ってシンプルだ。

「永続的ニッチ」を見つけたければ、なるべく、これからの未来において人が半永久的に欲し続けるビジネスを立ち上げることだ。

時代が変わろうとも変わらない普遍の欲求であり、遺伝子に順ずる本能レベルで欲するものだ。さらにここに、これから流行るであろう要素が組み込まれると、爆発的に伸びる可能性も出てくる。

私は、これを「未来ニッチ」と名付けている。要は、これから流行るであろう大きなストリームのなかでのニッチに入ることだ。

たとえば、私が行なっているニッチビジネスのひとつに「ガチンコマイル塾」という塾がある。名前の通り、マイルや旅行について学べるオンラインスクールだ。ホテルやエアラインには、上級会員という仕組みがあり、このステータスをお得に簡単に達成する裏ワザをシェアしたり、旅行者同士でマッチングできるサイトを運営していたりする。

これのどこがニッチなのか。観光業は今後、世界一の産業になるのは、あなたもご存知かもしれない。

実際に、私が大好きな沖縄も２０１７年の観光客はハワイを超えている。ＬＣＣなどの登場もあるが、モノやサービスよりも「経験」に人が価値を置くようになった変化のあらわれだと思う。大移動時代のはじまりだ。

これが時代の波だ。

ここで大事なのは、観光産業が伸びると分かった。そして、人は旅行が好きなことも分かった。移動や旅は、実は人の根本的な遺伝子に埋め込まれた欲求でもあるので、今後、縮小することはあってもなくなることはない。

種の保存のために遠くへ、まだ見ぬ場所へ渡るのが我々の遺伝子の叫びだ。つまり、観光産業は「遺伝子に準ずる本能レベルの欲求」を満たすサービスだ。だから、今後も求められ続ける。

ポイントはここからだ。

観光産業が伸びて、今後も長続きしそうだからという理由で、民泊をはじめたり、ツアー業をはじめたり、場合によっては、ホテル業やレンタカー業、現地のグルメをまとめたサイトをはじめる人もいると思う。

だが、人が簡単に思いつきそうなことは、他にもそれに似たビジネスをする人や企業が出てくる可能性が高い。

だから、もう一捻り必要だ。

もちろん、民泊などで一捻りしても良いが、私はここにはわざわざ参入しない。私よりもセンスの良い人が入ってくる可能性も高いので、あえて譲るようにしているのだ。

「旅行（観光）をしたい人は、何を求めているのか？」

この問いを投げかけて出てくる答えは、だいたい宿や経験、グルメであり、およその旅行のイメージから湧いてくるアイデアでしかない。

だが、ここに一捻り加え、次のように問いを投げかけるとどうだろうか。

・VIP気分で旅行したい人は、果たして何を求めているのか？

・そもそも観光産業をおこなう人が気づいていない旅行を快適にするアイデアはないのだろうか？

この問いを投げかけることで、ちょっと変わったアイデアが湧いてくる。要は、ニッチを見つける問いだ。

そして、ここで出てきたアイデアが「ガチンコマイル塾」だった。

「旅行のセンス」であり、「マイルの貯め方」であり、「エアラインやホテルの上級会員のなり方」をシェアする塾だ。裏技チックなものであり、旅行のセンスを学べるオンラインスクールだ。

実際、私のまわりの経営者や起業家も、このテクニック（マイルの貯め方）に興味を持っていたので、確実にニーズがあると感じていた。だから、ここに参入した。

これは旅行をそれなりにしている人にしか語れないテーマでもあるので真似もしづらい(この企画を一緒におこなっているパートナー(私の先生）は、かれこれ30年以上毎週のように飛行機に乗っている)。

このように、ニッチは頭を捻ることで必ず見つけられる。

そのニッチがこれから流行るだろう時代を捉えたニッチ(未来ニッチ）であれば、なおさら良い。それを先の質問によって導き出し、探し当てていく。

そして、そのニッチに今あるリソースを全力で投下することで、そのビジネスは加速的に伸びていくのだ。

もし、あなたが「働かない働き方」を実現したい場合は、ニッチもしくは未来ニッチを見つけ、一捻りか二捻り加えたカタチで展開することをおススメする。

先程もお伝えした通り、ニッチは隙間だ。

隙間なので気づきづらいし、分かりづらい。だが、探せば確実に存在している。

大事なのは、これに気づくためにとにかく毎日考えることだ。

「誰も気づいていないニッチはどこにあるのか」と自分に質問を投げかけることで、ニッチに気づけるようになる。

たとえば、これから地球全体がインターネットでつながる時代になってくるが、そのテクノロジーの発展において、ニッチを考えてみたい。

スマートフォンや格安カード、iPhoneのアクセサリーなど、デバイスにフォーカスしたビジネスはすでに飽和状態だが、iphoneのメール管理やプライバシー保護、サイバーハッカーからプライバシーを守る「オンライン護身術」などは求められるに違いない。

では、未来ニッチを見つけるまでの思考プロセスをまとめておく。参考にしていただきたい。

【未来ニッチを見つけるまでの思考プロセス】

1　事実の把握と自分を乗らせる
2　ビジネスアイデアの洗い出し
3　隠れたニッチを探す

4　そのビジネスをテスト的にはじめてみる
5　リソースをすべて洗い出しスタートする

1　事実の把握と自分を乗らせる

観光産業が伸びているという事実を知り、旅行を通したビジネスをしたいというインスピレーションが湧く(ここで意識が入る)。気持ちとしては楽しそう、ワクワク、ウキウキという感じだ。

ただし、好きなことでも良いが、好きなことだと客観的、俯瞰的にものを見ることができなかったりもするので、あまり好きにこだわらなくても良い。

世の中のトレンドやニーズなどの事実をしっかりと知り、次に自分を乗らせる。

ここで言うところの「事実」とは、たとえば「観光産業が伸びている」という大きな事実でなくとも、「片親の母親がいつもひとりで旅行しているから寂しそう。ツアー代も一人参加だと高くて困っているようだ」という感じの、身近な人の悩みや困っていることなどでもいい。

自分が感じたこと、困っているという事実でも構わないのだ。

把握した事実をしっかりと認識し、自分がこの分野でビジネスをしたら「楽しそうだ」「カッコ良さそうだ」と自分を乗せていく。

実は、儲かるからという理由だけでは、私たちはあまり走れない。

儲かるビジネスモデルを思いついたりしてもなかなか立ち上げられない人は、自分を乗せれていないからである。いや、乗らせる工夫をしていないからだ。


自分を乗らせる工夫が早い人は、立ち上げも早い。


自分を乗らせるには、会社などをつくってカタチから入る人もいれば、組織名や肩書きを勝手に名乗り、やる気を上げていく人もいる。まわりの友人に語ることで乗せていく人もいる。

難しく考えず、自分が動きたくて仕方なくなる仕組みをつくれれば良い。

2　ビジネスアイデアの洗い出し

事実を把握し、自分を乗せたうえで、パッと思いつくビジネスやサービスを可能な範囲で書き出してみる。

私はなるべく気持ちの良い場所で、この作業をするようにしている。一度にやろうとしなくても、数回に分けても問題はない。

意識することで、毎日があなたの味方になり、徐々にさまざまなアイデアを生み出せるようになる。

先の例で言ったら、観光産業において流行りそうなビジネスをパッと思いつく範囲で一通り書き出してみることだ。

【例】

ホテル、民泊、外人向けＢ級グルメサイト、穴場ツアー業、ガイドブック作成

3　隠れたニッチを探す

２で書き出したリストのなかで、「ライバルが入って来なさそう」で、「目立たないけれど、長期的にニーズがありそう」なものを選び、さらに出てこなかったビジネスは何かを再度熟考していく。

２で出たビジネスのなかには、天才的なアイデアと感じるものもあるかもしれない。アイデアを出すことは楽しいし、ワクワクする。

ただ、そのアイデアは他の人も思いついている可能性がある(既に実現されているかもしれない)。だから、ここで冷静になって、ひと工夫を加えることだ。

「ここまでで出てこなかった隠れたビジネスは何か?」
「果たして、彼らが求めているサービスは他に何があるだろう?」

このように再度、自分に問いかけてみる。
私の例でいったら、旅行産業のなかでも、ＶＩＰに旅行したい方がお得に快適に旅行できる方法を学ぶスクールがないことに気づいた。また、旅行を愛する人たちのマッチングサービスもなかった。

このように、ここでもう一度頭を捻ることで、とてつもないニッチを見つけることができる。

思いつくことをすべて洗い出した後、また自分に問いただすことで、実は「無意識が感じているけれど、言語化できていない究極のアイデア」を生み出せるようになる。

ちなみに私は、この作業をビジネスだけでなく、プライベートなどでも随時、活用するようにしている。もちろん相手の意見を聞き出すときも。

実は、アウトプット後にワンクッションおいてもう一度、アウトプットすることでものすごいアイデアに出合える機会は思っている以上に多い。

自分の内側にある宝物をあなたのセンスと工夫によって引き出してあげよう。

4　そのビジネスをテスト的にはじめてみる

最後はこれだ。３で思いついたビジネスをテスト的にはじめてみる。

今なら、クラウドファウンディングでそのビジネスモデルを公開し、応援というカタチで世の中のニーズをはかることもできるし、電子書籍で出版して反応を見ても良い。テストの方法は無数にある。

ここでの目的は、あなたや友人以外の第三者が、そのビジネスにお金を払ってみたいと思えるかを確認することにある。

お金を払ってもらえないとビジネスとして成り立たないので、必ずここでテストする必要がある。あなたがおこなう予定のビジネスのお客様となる方に、直接聞きに行っても良い。

「こんなサービスを見つけたのだけど、どう思う?」などと聞いてみるのだ。

あなたが立ち上げようとしていることを伝えても良いが、相手がやさしい人であれば、遠慮して本音を言えなかったりもするので、もし、あなたがそのビジネスをおこなうことを伝えるなら、「正直にこのビジネスをどう思うか教えてほしい」と、相手が本音を言いやすい状況を整えなければならない。

直接、意見やアイデアをもらうことで、あなたのビジネスアイデアがブラッシュアップされていくだけでなく、彼らの無意識からもアイデアをフィードバックしてもらえるようになる。

だから、私は冷静かつ確実な意見をくれるまわりの人には、アイデアを話して、それに対する意見をいつも受け付けるようにしている。

このようにインタラクティブな仕組みをつくることで、あなた以上に、あなたがおこなうビジネスを真剣に考えてくれ、応援してくれる人も増えていくのだ。

5 リソースをすべて洗い出しスタートする

4でテストをして、求められていることが分かった段階で、本格的に始動する。

具体的には、リソース（あなたがそのビジネスをおこなううえで必要なこと）をすべて洗い出し、それをスケジュールとTODOリストに落とし込む。

5W1Hを使って、すべて設計図に落とし込むのだ。

チームがある場合は、必ずそのビジネスの目的や社会へのインパクトを伝え、進行状況をチェックしながら進めていく。


以上が、私が「働かない働き方」を実現するためのコアとなる「未来ニッチビジネス」の構築法だ。これらを頭に入れ、毎日のなかで意識していただきたい。

今すぐにはアイデアが出なかったとしても、意識することで、ある日突然、驚くべきアイデアが湧いてくる。

STEP3　全自動マーケティングの実践法

多くの会社が潰れるのは、お客様を集められなくなるからであり、お客様が離れてしまうことが原因である。

逆にお客様が集まっていれば、商品の在庫が切れてしまったり、売るサービスがなかったとしても、他社の商品を紹介したり、他社のサービスの販売代行などをして、売上を立てることは可能だ。

それだけ、集客は重要である。もちろん本書で提案しているような働き方を実現するうえでも。

だが、意外にもこの集客の重要性を分かっている企業は少なく、分かっていたとしても型に囚われ、工夫しないために苦戦しているケースも多い。

私が「働かない働き方」を実現できている最大の理由は、ビジネスモデルがニッチであることも要因だが、実は集客が限りなく自動になっていることも大きい。

もっとも時間とお金とエネルギーを投下しなければいけないことをクリアしてい

るので、働かなくても大丈夫なのだ（最初に集客の仕組みにエネルギーを注いでいる）。

ちなみに私は、広告などは滅多に使わないようにしている。

たしかにインターネット上の広告であれば出稿することで、それなりに自動的にお客様を集めることはできるが、私は広告を見て購入される方向けのサービスを展開していないので、あまり利用しない。

では、どうやって集めているのかというと、「口コミ」であり、「紹介」だ。

自社で商品をPRするよりも、自社の商品を購入してくださったお客様にPRしてもらうほうが遥かに信頼される。

本当にカッコいい人は「俺ってカッコいいでしょ」と自らは言わず、自然に噂になっていくのと同じように。

とくに今の時代は買い物で失敗しないために、事前の検索が当たり前になっている。何かを購入する前に、スマホなどで購入者のレビューや評価を確認するのだ。

ここで検索結果に「臨場感溢れる真実のレビュー」が見つかれば見つかるほど、その商品は自動的に売れていくし、逆に悪い評価や口コミばかり表示されれば、その商品が長く売れることはなくなる。

つまり、あなたの商品やサービスに興味を持った人が検索した瞬間に、勝負が決まるということだ。


話は少し変わるが、最近では、インスタグラマーを使ったマーケティングが流行っている。

企業側も広告を出すより、すでに集客できている人（インフルエンサー）に商品のPRをしてもらい、直接彼らにお金を支払うほうが自社の商品を宣伝できるメリットがある。

すでにインスタグラムという媒体でフォロワーを集めている人は、前述した「集客」と「信頼構築」ができている状態だ。そこに「セールス」をするだけで自然と売れる。

今後もこのようなインフルエンサーを使ったマーケティングは増えていくだろうし、インフルエンサーを束ねる事務所（教育も含めて）も増えていくだろう。

だが、これは本質的ではないと、私は思っているので取り入れていない。

たしかに、たくさんのファンを抱えるインフルエンサーにお願いすることで大きく宣伝できるかもしれないが、この方法は長続きしない。

これにより得た顧客から自社のファンが増えるとは思えない。

なぜなら、依頼されたインフルエンサーが、自社の商品を心底愛していない場合もあるからだ。

お金を払ってお願いし、自社の商品を紹介してもらうことはできるが、彼らが好きでもないのに紹介したとしても、彼らのフォロワーの心には響かないだろう。

そのインフルエンサーが、たまたま自社のサービスのお客様であり、本当に心の底から商品やサービスを良いと思って紹介してもらえるのであれば良いが、お金のためだけで紹介した場合、そのメッセージが伝わったとしても、心には響かない。

感動したことや好きなことへの想いは、オンライン上でも伝わるものだ。

好きなものや感動したものとの出合いや感動を綴ると、その商品が売れるだけでなく、あなたがその商品を好きなポイントや物語、愛までもメッセージの受信者に伝わる。

つまり、商品以外のバックグラウンドや物語も、商品と一緒にお客様に伝わるということだ（アーティストのファンが、そのアーティストへの気持ちを友人に語り、ファンをつくっていくのと同じ構造である）。

その結果、そのインフルエンサーが紹介したメッセージは多くの方のハートに響き、売れ続ける。商品だけでなく、物語や愛といった価値も付加されて伝わっていくのだ。

一方で、ただなんとなく紹介されたメッセージには、感動や出会いの物語は含まれないので、一瞬は反応があっても売れ続けることはない。むしろ、そのメッセージを書いたインフルエンサー自身も後で嫌になって、メッセージを削除することすらある。

だから私自身は、お客様にお客様を紹介してもらう仕組みをつくっているし、自社のサービスの質とお客様との時間軸の接点には、とにかく全力の意識を注ぐようにしている。

普通に「紹介してください」とお願いしても、あなたの商品の愛用者でなければ紹介してくれることはないだろう。

だが、その商品やサービスに感動し、時間とともにその価値を感じてくれるものであれば、自然に紹介したくなってしまうものだ。

恋愛と同じである。

恋愛をしたときは、日に日に好きな人への気持ちが高まっていく。そして、気づいたら1日の大半、その好きな人のことを考えてしまう。

これを自分のビジネスでおこなえば良い。私がフォローに命を注ぐのは、そのためだ。

「買う前のお世辞よりも買った後のご奉仕」に最大限、意識を注いでいる。これにより、自社のファンが増え、最終的に紹介してくれる人が一気に増えるのだ。

もちろん紹介してくれた人にメリットとなるオマケも付ける。

何かしらのプレゼントでも十分だ。

これによって、自社のサービスを広めてくれる人が自然に増えていく。つまり、あなたが寝ている間も、休んでいる間も、あなたのことを心底喜んで紹介してくれる最高の組織を手に入れられるのである。

インターネットのシステムなどは、自分のシナリオ通りの結果しか出ないが、愛用者やファンが広めてくれる活動は正直まったく予想できない。機械ではなく、人間によっておこなわれる活動だからだ。

だから、自分の期待を下回ることもあれば、期待を遥かに超えることもあり得る。

実際に、私は、この仕組みを取り入れたことで、自社の商品を心底愛してくれる専属のインフルエンサー数十名と縁を持つことができた。彼らは、私の活動を広めてくれるだけでなく、最高のフィードバックもくれる。

さて、このような「自動口コミ装置」をつくるポイントは2つある。

ひとつ目は、あなたの商品を紹介することが可能という許可を与えること。そして、もうひとつは紹介の仕方は完全に任せる切ることだ。

ひとつ目のポイントは、あなたの商品を人様に紹介することでメリットがあることをウェブサイトや商品内に記載することだ。

「弊社では紹介システムを取り入れています」

こう明記するだけで、紹介したいと思った人が紹介してくれるようになる。

さらにふたつ目のポイントとしては、紹介の仕方まではあえて掲載しないということだ。

こちらで紹介の文章やテンプレート、構成などを用意すると、自分が集めたいと思う層のお客様しか集まらなくなってしまうからだ。

紹介する人が感じたままのことを、彼らの言葉で語ってもらう。

これにより、たくさんの人にリーチできるようになる。

何より、それらの言葉はオンライン上に永久的に残るので、紹介する人の心に響いたことを伝えてもらうほうが断然いい。

紹介のコツは明記しても、紹介の仕方までは指示しない。これが得策だ。彼らを信頼して委ねてみよう。


この「自動口コミ装置」をつくることは、集客が自動的になるだけでなく、他にもメリットがある。

それは、お客様が感じる自社の商品やサービスの価値を知ることができることだ。お客様の紹介の仕方を見ることで、彼らの心に響いたことが分かるようになる。

大好きな恋人だからこそ恥ずかしくて本音を言えなかったり、素晴らしい魅力を伝えることを躊躇したりするのが私たち日本人だが、これと同じように、お客様もあなたの商品やサービスに対して素直に想いを伝えることはあまりないのだ。

しかし、こうして紹介できるキッカケをつくることで、お客様があなたの商品やサービスに対して感動していること、素晴らしいと思っていることを知ることができるのだ。

大好きな恋人を両親に紹介しようと思った瞬間、恋人の素晴らしい部分を考えるのと同じように、人は誰かに伝えようと思った瞬間、無意識で感じていることを言語化しようとする。

アンケートでは、同じようにはならない。なぜなら、アンケートは提出することに意識が働くので、その提出先であるあなたを気にしてしまうからだ。

元々、本音を言えるタイプの人は、アンケートに堂々と記載できるが、そうでない人は無意識の本音をなかなか言語化できないものだ。

これに対して、誰かに紹介するという行為は、あなたへの直接的なラブレターではない。だからこそ、その紹介に本音が出ることが多いのだ。

この本音を知ることで、自社の強みを再認識することになり、ズレないサービスを提供し続けることが可能になる。

自社だけでPRやマーケティングを必死にするのではなく、あなたのお客様を味方につけ、紹介してもらう仕組みをつくっていただきたい。

自動で集客できるだけでなく、広告では決して集まることのない質の高いお客様が集まることになる。

いつでも本物はひっそりとしているし、良客はそのことをよく知っている。だからこそ、自社だけで集めてはいけない。

お客様をお客様と認識せず、仲間だと思い、グルだと思うことで、「運命共同体」になることができる。

これからの時代は、この「運命共同体」をつくれるビジネスが伸びていくだろう。

なぜなら、皆、短期的に売ることしか考えていないなか、その商品に心底ほれ込んだ仲間たちが紹介してくれながら、適切なフィードバックをくれるからである。

当たり前だが、味方で囲まれたビジネスは、いつも自信を持って進んでいける。

たとえ逆境にぶつかったとしても。

ぜひ、あなたもお客様が味方になってしまうようなシナリオを設計していただきたいし、そのような仕組みをつくっていただきたい。思っている以上に「幸せ」な仕組みなのだから。

以上が、働かないで働くためのビジネスモデルのつくり方だ。

これは私が開発したやり方なので、万人共通とは思わないが使えそうな部分は使っていただきたい。

次章では、本章で解説したビジネスモデルのつくり方よりも、さらに重要なポイントをお伝えしたい。

もっとも私たちが働いてしまっている「人間関係」の秘密についてだ。

頭を悩ませたり、ストレスを抱えたり、頭のなかの大半を占めている人間関係の究極の秘密だ。

これをマスターすることで、働く時間がただ減るだけでなく、これまで抱えていた問題が一気に減って、あなたの1日は遥かに快適に、ゴキゲンになっていくはずだ。

第3部

働かない働き方を実現する人の選び方

チャプター0
人間関係で膨らんでいる「働く時間」

前章で「働かない働き方」を実現するためのビジネスモデルのつくり方をお伝えした。賢いあなたならすでにお気づきかもしれないが、「働かない働き方」を実現していくうえで、非常に重要になってくるのが、人だ。

ここがもっとも肝心なポイントであり、土台となる。

一見しただけでは、「働かない働き方」を実現することに直結しないと感じるかもしれないが、本章を読み進めていくうちに、価値の大きさに気づくはずだ。

良くも悪くも、人があなたの人生に大きな影響を及ぼしている。

もし、あなたが伴侶や恋人などと最高のコミュニケーションが取れて、お互い心の底から信頼し合っている状態なら、あなたは最高の精神状態をつくることができるだろう。

この精神状態は、もはや「働かない働き方」をするうえで非常に重要な状態である。

一度は体感したことがあると思うが、「この人のために」と思える人がいるだけで（そのような状態をつくることで）、自分でも信じられないほどのパワーを得られたりする。

身近な人とのつながりが強く、お互い同じレベルで信頼し合っているときほど、強いものはない。この状態をつくれたら、カンフル剤的な意味で、自己啓発書などを読む必要も一切なくなるだろう。

こうした精神状態が、なぜ「働かない働き方」に直結するのか。あなたも頭を悩ませているかもしれないが、私たちの問題の9割以上を生み出している「人間関係」で悩むことがなくなるからだ。

悩むどころか、むしろ誰かの「ために」という人間がもっともパワーを出せる精神状態にシフトすることができる。

自覚しているか、していないかは別として、多くの人はここで一番働いて「しまって」いるのだ。

もし、奥さんとケンカをして2、3日、口を利かない状態であったら、あなたはその状態で最高のパフォーマンスを発揮できるだろうか。答えはノーのはずだ。

その状態をフォローするべく、奥さんの機嫌を取ろうとするだろう。ディナーに誘ったり、買い物に誘ったりだ。

もちろん機嫌を取ることは素晴らしいと思うが、もし繰り返しているようなら、それこそ無駄に「働いてしまっている」と言っていい。

そのことが自分の正論を押し付けることが原因のケンカなら、あなたは限りなく無駄に働いてしまっている。あなたの正論はあなたの正論であって、2人にとっての良案とはまったく別物だ。

会社や組織についても同じことが言える。思っている以上に無駄にコミュニケーションを取り、人間関係で働いてしまっていることは多い。

私の実働時間が短く、自分のクリエイティブワークを終えた後に、仕事のことを忘れて何かに没頭したり、楽しんだりできるのは、人間関係における問題が限りなくゼロだからだ。

正確に言えば、人間関係での悩みはほぼない仕組みをつくっている。

そのため、悩みを解決するために働くことがない。人間関係のトラブルに対処する仕事がないのだ(働かないように工夫している)。

ビジネスタイムも未来づくりだけに集中し、その後もスパッと切り替えられる。ここでまた遊んだり、リラックスしたりするので、五感からさまざまな刺激がインプットされ、最高のアイデアが脳内を駆け巡ることになる。最高の循環である。

ビジネス上のおよそのトラブルは、人間関係が原因だ。

信頼している社員の退職、モチベーション低下やミス、音信不通、横領、そしてクレーム対応など。冷静に分析すると、ほとんどが人間関係に起因する。

多くの企業はこの本質を考えず、一時的解決に終始してしまう。当然ながら、これではまた同じ問題が生じて、この問題を解決するためにまた働くことになる。

人間関係の問題で働くことがなくなれば、あなたの働く時間は減る。もちろん悩みも減る。

つまり、1日の質は極めて向上し、アイデアに満ちた毎日になる。

ネガティブな出来事やマイナスな出来事を起こさないことは難しいが、その9割以上を減らすことはできるのだ。

本章では、私たちが思っている以上に働いてしまっている人間関係の点から「働かない働き方」を解説したい。

チャプター1
不労な組織

ビジネスではなるべく無駄を減らしたい。そして、極力働かないで、自分の未来と世の中に貢献できる仕組みを最大限に考えたい。

そう考えているうちに気づいたことがある。

それは、私がおこなっているビジネスでは、「私自身はあまり働いていないけれど、働いていること」と「私が一生懸命働いているのに、あまり働けていないこと」のふたつが存在するということだ。

これは、ビジネスが軌道に乗りかけたときに気づいた。

前者は、第1章の17のリストで公開したような内容だ。

私の潜在意識やウェブサイトに綴った文章やビデオ、お客様による口コミなどは、考えていた以上の結果をもたらしてくれた。自分がまったく働いていないときでも、働いていてくれている。

そして、私が働かないで働いているものを見つけ出し、そこに一定時間の意識を注ぐことで、さらに働かないで働く仕組みができあがった。

これらをリストアップして可視化もした。

「いつ?」「どのタイミングで?」「どのような意識を持って接するのか?」を具体的に、鮮明に、何より自分がワクワクできるように書き出してみた。

これは楽しい作業だったのでスイスイと進み、アイデアもどんどん湧いてカタチになった。

ところが、後者は厄介だった。何しろ一生懸命に働いているのに、あまり働けていないことだからだ。こちらは直視したくないことだった。

つまりは、無駄であり、マイナス要素なのだ。

私は基本的に無駄なことは一切ないと思っていたが、やはり無駄のなかにもいくつかのレベルがあり、あきらかに無理矢理に意味付けし、「無駄ではない」と思い込んでいたものもあった。たとえば、次のようなものだ。

1　チームや社員へのタスク管理と進行状況のチェック
2　お客様の疑問への対応（お客様との付き合い方）
3　同業者との必要以上の会食や付き合い
4　チームや社員のモチベーションを管理しようとする行為
5　外注した案件の徹底的なチェックと進行状況の確認（コミュニケーション不足）

これらは何気なくやっていることだったが、書き出してみることで、その仕事の価値やリターンについて冷静に客観視できたのだ。

とくに働かないで働いてしまっていることだったのが、1（チームや社員へのタスク管理と進歩状況のチェック）と4（チームや社員のモチベーションを管理しようとする行為）だった。

要は、私が社員にガミガミと指示を出し、その行動や作業のすべてを監視したり、彼らにスイッチを入れようと無駄に尻を叩いたりする行為だ。自分が逆の立場でやられたら嫌なのはわかっていたのにもかかわらず……。

これが頭のなかにあると、自分の仕事に手がつかなくなるどころではなく、相手の粗探しばかりするようになる。

「あれをお願いしたのに、アイツはまだやってないな。前もそうだったけれど、何をやってんだ」

このように、自分の貴重な意識と思考をどんどん無駄なことに使うようになってしまう。

相手のことも信頼できていないため、無意識のうちに「あなたのことは信頼していませんよ」と態度にも言葉にも出てしまい、それがコミュニケーションで伝わるようになってしまうのだ。

当たり前だが、自分のことを信頼していない人と一緒に働きたい人はいない。

こうして、また悪循環が生まれていく。これは、私にとってもチームにとってもまったく良くないことだ。そこで、あるとき私は自分にこう問いかけた。

・そもそも理想の組織とは、どんなカタチなのだろうか?
・なぜ、人と一緒に仕事したいのか?
・自分が楽をするためなのか?

このように問いかけた後さらに、

・どうすれば私とチームがさらに信頼し合い、働かないで最大限に働けるようになるのだろうか？

と自分の潜在意識に投げかけてみた。すると次のようなアイデアが出てきたのだ。


【私の潜在意識】

人を雇ったり、チームを組んで仕事をしたりする目的は、自分にない才能を自分の組織に取り入れることで、今以上のパフォーマンスを発揮でき、大きな結果を生み出すことができ、さらに、社会にインパクトを与えることができるからだ。

また、お互いの才能や強みを認識して、奨励しあい、高め合うことで最高のつながりを感じながら、お互いの時間を濃密にもできる。

これが、私の理想形であり、求める働き方のカタチだった。

このような組織を求めていたのにもかかわらず、まったく正反対の組織になる行為をおこなっていたのだ。これでは理想系である「働かない働き方」を実現することは難しかった。

そこで、私は仕事をするにあたって、このような価値観やイメージを持っていることを素直に伝えた。

このことは自分のチームや組織のメンバーが「俺は駒になっていないか」という不安を解消することになり、彼らの存在を心底信頼していると伝えることになった。

これで私のなかで「管理する」という言葉は消えた。

私は自由になり、彼らも自由になったのだ。自由だが、お互いに共通のビジョンを持ち、そのビジョンを叶えるために必要な才能や強みを尊敬し合い、心底信頼し合っているから、プロジェクトはものすごいスピードで進むようになった。

お互いを下げたり、監視したり、裏切ったりすることなど一切ない。こうした状態は、自然に組織のモチベーションを高めてくれる。**人は自分のためより、人のために頑張れるものだ。**

不労コミュニケーション術0「不労なバディたち」

では、私が具体的におこなっている「働かない働き方」を実現するうえでの「不労組織コミュニケーション術」を解説したい。あらかじめお伝えするが、この方法はマネジメントではない。コミュニケーションであり、対話だ。

会社の数字やお金などはマネジメントするが、チームのマネジメンはしない。なぜなら、マネジメントしようとした瞬間、会話に出てこないチームの声を聞けなくなるからだ。そこにあるのは、絶対に壊れない信頼だけだ。

不労な組織をつくるうえでの大前提がある。

それはあなたの組織に「どのような人が集まっているか」を冷静に見ることだ。言い換えると、「あなたの組織に入った彼らの目的を冷静に見る」こととなる。

もし、あなたの組織にいる仲間が、その組織のことが大好きであったり、その事業や仕事が楽しくて仕方なかったりする場合、ビジョンやイメージの浸透は早いだろう。

しかし、お金が目的の人が多い場合、ビジョンやイメージの浸透は至難の技だ。多くの企業や組織は、その事業や仕事を好きでもない人に、無理矢理に好きにさせるアプローチをして未来を共有しようとするが、これこそが無駄に働いている行為である。

当たり前だが、あなたの組織のことが好きで、最高に楽しいと思っているメンバーを集めたほうが結束力も高まり、最高にイケているパフォーマンスを発揮できる。**大事なのは、あなたの所属する組織とサービスを心底愛している人を味方につけることであり、そのような人を集める仕組みをつくることだ。**これができると、一気にチーム全体の雰囲気が良くなり、ビジョンやイメージも浸透しやすくなる。

それでは、そんな最高のチームやメンバーはどこにいるのだろうか。

私は、自分のお客様の中から社員やビジネスパートナーを見つけるようにし、一緒にビジネスをするようにしている。なぜなら、彼らは私の提供しているサービスを愛してくれ、お金を払うという行為を実際におこなっているからだ。

つまり、私の会社の長所も理解しているし、改善点も冷静に見えているので、お金だけを目的に入ってきた人とはまったく違ったインパクトを組織にもたらしてくれる。

だから、すでにあなたのビジネスにおいてお客様がいるのであれば、そこから社員やチームを募集するのがオススメだ。

また、あなたがナイスな人材を求めているタイミングと、ナイスな人材があなたの会社を見つけるタイミングは異なることが多いことも知っておく必要がある。

あなたが求人をおこなっているときに、あなたが求めている人が仕事を探しているとは限らないのだ。

そのため、私は、興味を持った人が会社や組織にコンタクトを取れる仕組みをつくり、おもしろい人が集まるようにしている。これにより、最高のメンバーが集まり続けることになる。

あなたがすべきことは、チームに加えたら絶対におもしろくなり、活性化する人を探し続けることであり、お客様があなたの組織で働きたいと思える仕組みをつくることだ。

これで、あなたの組織はより一層、最高のパフォーマンスを発揮できるようになり、働かないでも最大の結果を出せるようになる。

参考までに、私のメールマガジンの一部を紹介する。おもしろい人が集まる仕組みの参考にしてほしい。


河本です。

いつも私のシェアを受け取ってくださり、ありがとうございます。

最近、私のプログラムに参加くださっている会員さまと一緒にプロジェクトをする機会が、ありがたいことに非常に増えています。

実際に、収益を発生させているビジネスも複数あります。

これは、このうえなくうれしいことであり、とても幸せなことです。

何かと何かがうまくかけ合わさったとき、本当におもしろいものや作品が生まれ、素晴らしいものがこの世界にリリースされ、新しい循環が創造されます。

「想像」が「創造」される瞬間。

とても楽しく幸せな瞬間です。

　私自身、今まで「単体」でビジネスやプロジェクトをおこなってきましたが、セミナーなどを通して、たくさんの会員様と接触するなかで、

「こんなに素晴らしい才能を持っているのにもったいない……」

「ぜひ、一緒に何かやりたい！」

　と思える人がたくさんいることに気づいたのです。

「そんなに素晴らしいものをお持ちなので、ぜひ世の中に還元してください」

　と言いたくなるような素晴らしい人がいることに気づいたのです。

　これは、私自身がまったく予想していなかったことであり、この事実に気づけたことは、とても幸せなことでした。

　このことに気づいた私は、素晴らしいモノを持った人と一緒に何かをつくることによって、新しい価値を世の中にたくさん残したい。

　心底そう思えるようになりました。

私には、一生涯かけて叶えたい「ドリーム」があります。

それは「自分が持っているもので、誰かの役に立てるお金が不要な国」をつくることです。

そうです、実際にお金という通貨がなくなり、その代わり、人様同士がお互いに「欲しいもの」を交換して生計を立てる「国」をつくりたいと、密かにイメージしているのです。

「ブッブツ交換の時代」の素晴らしかったものと「今の時代の素晴らしいもの」をうまく掛け合わせることで「新しい国」が生まれると思うのです。

それぞれの時代に、それぞれの幸せなことや素晴らしいことがあります。

大事なのは、それらを否定するのではなく、効率よく取り入れ、組み合わせていくことだと思います。

今の時代、インターネットという世界が産んだ世界最大の発明があります。

この媒体をうまく使うことで、今まで不可能だと思われていたことが可能になりました。

あなたが、山奥に住んでいたとしても、海辺に住む人に簡単にコンタクトできるのです。

ある日、魚を食べたくなったとき、海辺に住む知人にコンタクトします。

「とびっきりの木の実を送るから、おいしいサーモンを送ってくれませんか?」

海辺に住む知人はドローンを使って、サーモンを送ります。

そのサーモンを受け取ったあなたは、代わりに木の実セットを送ります。

このような「国」、そう、名付けて「Mファミリー帝国」をつくりたいと思っているのです(笑)

もちろん、簡単なことではありませんし、障壁があるのもよく分かっています。

でも、これは最近、私自身が大事にしていることなのですが、この世界には自分では、「できない」と思っていることを「楽勝！」と思って、簡単にできてしまう人もたくさん存在するのです。

どうしてもすべて自分でやらなければいけないんじゃないか……と思ってしまうのが私たちですが、一歩そのフタを外し、外に出てみると、「え!? じゃあオレが協力するよ！ その代わり、これをやってもらえる？」などと手伝ってくれる人がたくさんいるのです。

不労コミュニケーション術1「ビジョン、理念の共有」

これは夫婦関係においても言えることだが、２人以上の人が長期的に付き合っていく際、絶対に無視できないのはイメージやビジョン、理念の共有だ。

・私たちはどこに向かっていっているのか？
・なぜ、そこに向かっていて、そこに向かうことでどんな良いことがあるのか？
・そして、いつまでにそこにたどり着きたいのか？

これらを共有することだ。ビジョンや理念の共有ができると、これから長い時間を共に過ごしていく人が、最高の未来に向かって進むメンバーとなる。

そして、それまで気づくことのなかった強みや才能に気づけるようになり、お互いの間に強い絆が形成されるようになる。

要は、組織で働いている人たちが、学生時代の部活動や文化祭のときのようなチームに生まれ変わるのだ。何かを達成したいと思うことで、同じ組織にいる人たちが仲間になれるのだ。

仲間になるとお互いが協力するようになり、自然に助け合うようになる。たとえ、リーダーがマネジメントしようとしなくとも。

つまり、ビジョンは、チームの結束力を高めてくれるだけでなく、あなたが仲間のことで頭を悩ませることをなくしてもくれる。

実際にほとんどのビジネス書には、目標やビジョンを描くことの重要性が綴ってあり、その方法が提案されている。

だが、思っている以上にビジョンや理念の設定や共有はできないものだ。

皆が腑に落ちないビジョンや理念を設定し、マイルストーンを決めるとなると、堅苦しくなり、組織の雰囲気がおかしくなりがちだ。

その昔、インターンシップを通して何社かに勤めた経験もあるが、ビジョンや理念を毎朝見たり、朝礼で唱えたりしていたが、ピンと来るものはなかった。その組織におけるビジョンを叶えようと腹の底から思えなかったのだ。

実際、同じ会社に勤めていた仲間にも聞いてみたが、私以外にもそのように感じている人がほとんどだった。

これでは、ビジョンや理念を描いた人だけが盛り上がっている状態で、無理矢理に押し付けられた側は、理解はしても腑に落ちない状況だ。

大事なのは、たんにビジョンや目標を共有するのではなく、その言葉以上のイメージをしっかりとチームに伝え、チームのメンバーが自発的に叶えたいと思えるようにすることだ。

私が好きな言葉に置き換えると、彼らの意識だけでなく、彼らの潜在意識にもこのイメージが書き込まれた状況にする必要がある。

「自分だけでなく、チーム一人ひとりが、どこまでビジョンや理念を叶えようと潜在意識レベルで思っているのか?」

この問いが、大きな結果を出す鍵となる。

やり方は、さまざまに存在する。大企業と中小企業では、その方法は違うはずだが、私は中小企業の社長として試行錯誤した結果、次のやり方を採用している。

個人のゴールや欲望が触発される組織のビジョン、カッコイイと思える社会へのインパクト、この両者が包括される「理念」をつくり、そして、そのために組織（チーム）がメンバーに向けてできることをシェアしている。

たとえば、私の経営する会社のひとつでは、「当社は、お客様さまと一緒にゴキゲンな24時間を追求する会社です」というゴール（ビジョン）を掲げている。

これはお客様にとってのベネフィットであり、ここに社員や組織への直接的なベネフィットは存在しない。だが、

「当社は、お客様と一緒にゴキゲンな24時間を追求する会社です。そのためには、社員であるあなたが何よりもゴキゲンでないといけないので、当社のインフラやリソースを最大限に使いこなす必要があります」

と社員向けには、このようなビジョンを掲げている。

これにより、社員のモチベーションは格段と上がる。つまり、ビジョンを達成するために、「あなた自身が自社のリソースをフルに使いこなしてくれ」と言っているのだ。

お客様や世の中における貢献を謳う企業は多いが、そこで働く自分に何をもたら

してくれるのかまで謳う会社は多くない。

私の会社で言えば、有休もそうだが、会社にあるサプリは飲み放題（支給も一定額は可能）であり、社長である私に指示も出し放題であることを謳っている。

これは一例だが、社員がゴキゲンになることに対して、事前に許可を出すことで俄然やる気になり、ビジョンや理念を叶えたいと思えるようになる。

矢印は、未来とお客様だけでなく、常にチームのメンバーにも向ける必要がある。

なぜなら、双方向のつながりこそ絶対に壊れないカタチだからだ。

ポイントは、叶えたいビジョンを前面に出しつつ、それを叶えるにあたって、会社が社員にできることを提示することだ。

もちろん、ビジョンを叶えることで、組織の一人ひとりに何かしらのベネフィット（報酬など）があるなら、それが最強だ。

不労コミュニケーション術2
「無意識ギブの発掘とフィールド設定」

チームに集まったメンバーに、どんな役割を担ってもらうのか。

これも働かないで働くための大事な要素だ。当たり前だが、人それぞれに強みは違う。得意なこともあれば、苦手なこともある。

不労な組織をつくっていくためには、チームの役割配置を間違ってはいけないが、これは簡単にはできない。時間がかかるし、最初は働かなければいけない。

営業担当がマネジメントに向いていたり、裏方が得意と思っていたメンバーが実はリーダーに向いていたりなど多々ある。

こうしたことは、自分の強みを意識している人が少ないことに起因するため、採用時やプロジェクトのスタート時には勘違いも起こりやすく、リーダーも気づきにくい。一緒に時間をかけて仕事をしてみないと分からないものだ。

本当の意味での強みは、第1部で紹介した17のリスト内の「無意識ギブ」にあることが多い。

この隠れている無意識ギブは、意識的に書いた履歴書や、意識的に話す面接ではなかなか出てこない（だからインターンシップからの採用プロセスは最高だ）。

実際、私の会社でも特性や適職を知るテストや試験などを実施したことがある。このとき数年の付き合いがあるよく知っているメンバーにも受けてもらったが、私が感じていた強みとは、異なる結果が出たことも多かった。

なかなか、真の才能や強みを発見するのは難しいが、だからこそ、これを見つけて、活かせる環境に配置できると、組織は働かなくても働くようになる。

適材適所に配置された組織に進化した瞬間、かつてないほど物事が進む最強の組織となるのだ。

自分の能力を最大限に発揮できる環境に身を置き、自らの役割を認識し、人から頼られることで、パフォーマンスは爆発的なに引き上がる。

良い組織は、このバランスが取れている。

「俺のフィールドはここだから、お前はこっちをやってくれ」と、各々の領域がしっかり分けられていることで、お互いに干渉せず、責任を持って自分のフィールドを守るようになる。

そのため、私は次のような方法で才能を見つけ、それぞれに合ったフィールドをつくるように意識している。

最初は、強み発掘期間だと思い、一通りの役割を任せてみる（正規雇用したり、一緒にプロジェクトをしたりする前の段階で）。

そして数ヶ月間お付き合いをして、そのなかで、その人のイケている部分を見つけるようにしているのだ。

実際さまざまな経験をしたり、時間を共有したりすることで、その人のイケている部分は見えてくる。最初は気づくことのなかった数々のエッジが見えてくるのだ。

そして、時間を過ごしたなかで見つけた強みや才能をフィードバックし、その強みや才能を活かせる環境をつくるようにする。

「あなたと数ヶ月過ごして気づいたのだけれど、あなたの最高にイケている部分は、●●といった理由から▲▲だと思う。だから、これを今後やってもらえたら、かなり才能を発揮できると思うけど、どうかな」

このように伝える。

もちろん伝えるときには、才能だけでなく、その才能を具体的に活かせる仕事内容も含めてだ。

このように伝えられてうれしくない人はいない。誰しも自分の才能に気づきたいし、その才能を活かしたいと思っているからだ。

まずは、テスト的に何かしらの役割を担ってもらい、様子を見ることをオススメする。そして、そのなかで気づいた強みやイケている部分を伝えることを忘れないことだ。

不労コミュニケーション術3「もしも対策とミスへの許可」

ミスをしない人間は、この世にいない。

組織やチームを運営していくうえでもっとも怖いのは、チームの誰かが失敗したときにパフォーマンスが下がること、ミスを恐れてパフォーマンスが下がること、そして、そのミスを隠してしまうことだ。

これを避けるためには、**ミスや失敗は起こるものと認識させることと、そのミスをすぐさまシェアできる仕組みを用意すること**だ。失敗まで含めて、許容してつくられている組織は多くない。

余談だが、美容師さんに髪を切ってもらっているときに、失敗について聞いてみたことがある。

「美容師さんでも失敗することはあると思うのですが、そのときってどうするんですか?」

髪を切っている最中にそんなことを言われたら、かなりのプレッシャーのはずだが、彼らも人間なので失敗するらしい。

しかし、失敗かどうかはお客様が決めることなので、自分のなかでの失敗が必ずしも失敗ではないと認識し、自分を納得させているらしい。

私は「失敗は当然あるもの」と認識しているので、一緒に仕事をする仲間に、事前に次のようなルールをシェアしている。

そして、私もミスすることを事前に伝えているのだ。これにより、失敗を恐れなくなり、安心して仕事ができるようになっている。


【1】失敗はするという前提、実験として捉えよう!

大事なのはその後です。学んだ失敗を糧にして、次に繋げましょう。拾うことが何より大事です。「失敗しました!」と報告するのではなく、どうするのかまで提案を書き出しましょう。

【2】減点方式ではなく加点方式で
どれだけ良くなったかで判断しましょう。加点したぶんは必ず褒め合いま

しょう。

【3】常に紙に書き出してから決断しよう

いわゆる感情論で物事を決めず、紙に書き出し、深呼吸し、イメージしてから決断するようにしましょう。これだけで物事が一気に進みます。

【4】三点交差を考えることがあなたの仕事

自分とお客様、そして、チームの三者が喜べる仕組みを考えましょう。これが継続の秘密になります。

【5】迷惑をかけたぶん、迷惑を受け入れよう

チームである以上、迷惑はかけてしまうものです。気にするのでなく、そのぶんカバーし合いましょう。

【6】常に最高のパフォーマンスを

最高のパフォーマンスのときに「だけ」仕事をしてください。そして、最高のパフォーマンスでい続ける工夫をしてください。

【7】お金の約束だけは確実にキッチリと

お金の精算ややり取りは、しっかり期限を守りましょう。

【8】常にホウレンソウしましょう

どんな人でも音信不通が一番怖いですし、悲しいです。なので、一言でもいいので、チャットで常に報告するようにしましょう。

繋がっている感こそが最高の安心感になります。

失敗は仕方がない。大事なのは、その失敗から何を学び、次にどう活かすかだ。

失敗が許容される組織で働くことで、所属するメンバーの距離はグッと近くなる。

ミスをすると怒られる組織は、カバーし合うより、ミスを責めたり、遠くから見つめたままになりがちだ。

大切なのはミスを恐れたり、隠したり、攻め合ったりするのではなく、ミスをしたら何かを学び、即座に次に繋げ、そして互いにミスをカバーし合える仕組みだ。

そのためには、ミスをした人がミスを報告できる仕組みが必要だ。

ミスを発表し、そこから学び、それによってどう次に繋げたのか。これをチーム内で発表し、それを評価することで、ミスを次に繋げられる組織にシフトしていく。

ミスが可愛さやキャラになる雰囲気をつくることで、お互いが自然にカバーしたくなるものだ。

「すみません、こんなミスをしました。ここから学んだことは●●です。このミスにより、今後、我々は■■に変わっていくことになります」

このようにミスを定期的に発表し合う仕組みをつくるのも悪くない。

一見失敗しなさそうな出来過ぎくんのようなキャラの失敗談を聞くのは最高だし、より一層、チームの結束力は高まるに違いない。

これは家族という最小の組織でも同じだ。

私の家族は、不安なことやネガティブなことをあえて聞く時間を必ず週に一度つくっている。

なぜなら、不安がミスを生み出すことが多く、その不安を外側に出した瞬間、それを客観視できるからだ。

本当にポジティブな組織は、ネガティブを無視するのではなく、ネガティブが起きることを許容し、そのネガティブをポジティブに繋げられる仕組みを持っている。

不労コミュニケーション術4「フィードバックシステム」

最後がフィードバックの仕組みだ。

私たちは皆、同じ世界に生きている。だが、違うものを見ている。事実は同じだが現実は異なるのだ。

これは人の数だけ違った見え方や世界が存在することを意味する。

私は妻と息子と世界中を放浪しているが、毎週末は家族で食事するときに、お互いの現実のなかから気づいたことや発見したことをシェアしている。

このときにいつも思うが、家族で同じ時間を過ごしていると思っていてもまったく違うものを見て、まったく違うことに気づいているということだ。

私が見えなかったことに、妻も息子も気づいている。

そして、この気づきを最高の場所で、ゴキゲンな状態のときに、フィードバックしてもらうようにしている。フィードバックによって家族全体で共有できるのだ。

フィードバックのなかには、家族という集合体がより良くなるギフトがいくつも含まれている。

これは組織にとっての最高のエナジードリンクにもなる。

ここまで紹介したコミュニケーション（不労コミュニケーション術）が構築されると、チームのメンバー内の無意識には「組織のビジョンを叶えること、良くすること」が気持ちよく自然に書き込まれてしまう。

これにより、彼らが組織にとって、良いことや良くなるであろうことをたくさん持ち帰って来てくれるようになる。各々が違う現実を生きるなかで、気づいたお土産を持ち帰ってくれるのだ。

そして、このお土産は、ときには組織を一気に変えてしまったり、刺激を与えてくれたりもする。

重要なのは、このようにフィードバックできる仕組みをつくることだ。普段何も考えていなさそうな人でも、思っている以上にすごいことを考えていたりする。

組織にとって良い現実のお土産を持ち帰って来られる仕組みをつくると、その組織はいつも刺激とやる気に満ちた組織にシフトしていく。

だから、あなたの組織でも、このフィードバックができる仕組みを設けてほしい。直接会わずとも、ＳｋｙｐｅやＺＯＯＭなどのアプリを活用することで、フィードバックの仕組みは構築可能だ（直接会ったほうが盛り上がるのは事実だが）。

一人ひとりがしっかりフィードバックできる仕組みがあることで、あなたが気づかなかったことに気づけるのはもちろん、それ以上に、チーム全体の意識にスイッチが入る。

一方通行のトップダウンの組織には管理し続ける仕組みが必要だが、全員が主人公のフラットかつリキッドな組織には、それぞれがいつも最高のパフォーマンスを発揮しながら、自分だけでなく、組織の未来も明るく照らしてくれる仕組みが必要なのだ。

ぜひ、しっかりとチームが楽しく意見を言える（発言したくなる）仕組みを取り入れていただきたい。ときに、意外な人がものすごいアイデアを持ってきてくれたりする。

以上が、私がチームとコミュニケーションを取るときに意識していることだ。

これらを徹底することで、濃密なコミュニケーションが、最低量だけ存在することになる。このお互いの脳がマッシュし合う瞬間は格別に濃いのだ。

深い繋がりがしっかりと構築され、お互いが目指したいビジョンや理想が見つかり、それにおける自分の役割がしっかり共有され、必要とされ、「失敗してもいいよ」という許可が出ることで、組織は一気に加速していく。

たとえ、あなたが働かなくても働く仕組みができてしまうのだ。

さて、ここまでが「あなたの味方」である組織やチームにおける「働かないための働き方」のポイントだ。そして、大事なのはこれからだ。

次項の要素は、多くの方の盲点であるに違いないが、「働かない働き方」を実現するために非常に重要になってくる。

チャプター2　不労なお客様

お客様がサービスを選ぶように、私たち販売者にもお客様を選ぶ権利がある。良いビジネスは良客によって育てられる。これは、まぎれもない真実だ。あなたも聞いたことがあると思うが、たとえば有名なレストランは良客によって育てられる。

これからの時代は、お客様を意図的に選んでいく時代であり、そこまで商売設計をする必要がある。

なぜ、お客様を選ぶことが重要なのか。

理由は至ってシンプルだ。

良いお客様があなたの商品やサービスを購入することで、商品やサービスを口コミで宣伝してくれるだけでなく、あなたの商品やサービスに対して適切なフィードバックをしてもたらしてくれるからだ。

とくに、フィードバックについては、良客しかもたらしてくれない企業発展の大事なエキスだ。

フィードバックはクレームとは違う。クレームとは自分の正当性を主張することだが、フィードバックは感情論を抜きにしたあなたの無意識ギブを言語化したものであり、サービス提供側によってもたらされた「結果」を教えてくれる行為だ。

つまり、フィードバックは、お客様の心に響いた結果の帰還である。

このフィードバックを取り入れることで、商品やサービスの質はまた上がっていく。お客様のおかげでビジネスが成長するだけでなく、発展していくのだ。

彼らは商品やサービスのポイントを的確に捉えているので、あなたが気づいていなかったポイントを取り入れるだけで、ビジネスは発展していく。

このことは「働かない働き方」をより一層加速してくれる。なぜなら、自社では絶対に気づけない改善点や、伸ばしたほうが良い強みを知ることになるからだ。

本来ならコンサルタントなどを雇ったりするのかもしれないが、良客からのフィードバックによって、これも不要となる。

つまり、良客だけを集めることで、最小限のコストで最大の結果を出し続けることが可能になるのだ。

逆に、自社の商品やサービスを必要としていないお客様を集め（良客でないお客様）、彼らに提供すると、あなたは必要以上に働くようになってしまう。

たとえば、そもそも買う気がないお客様に何かを売ってしまうと、一時的な売上は上がるかもしれないが、その後、クレームが入るかもしれない（もちろんクオリティの高い商品やサービスであることが大前提だ）。

そして、このクレームが、ただの感情論だけで発されたものであればあるほど、あなたも傷つくし、お客様をサポートするメンバーも傷つくことになる。

どんなチームにおいても、傷きたいメンバーなど存在しない。本来、チームは傷つくことが嫌な人によって形成されるので、クレームが多ければ多いほどチームの空気は悪くなる。

やがて、一番ネガティブなクレームに対応するメンバーが嫌になり、辞めていく。負の連鎖がはじまる。これは避けないといけない。いっけん儲かっているように見えても、持続力がなく、内部はボロボロというチームにならないためにも。

チームは内部から壊れていく。

だから、あなたが「働かない働き方」を実現するためには、良客だけが集まる仕組みをつくる必要がある。どのようにして良客を集めるのか。次項からそのテクニックを解説させていただく。

良客だけを集めるテクニック1「良客の特徴を知る」

業界や市場にもよるが、人を集めるという点において通用する部分が多いことを共有したい。

まずは、良客に共通する特徴を知ることだ。私の分析では、良客は自分に自信があり、余裕がある人が多い。

第1部でお伝えした17のリストで言えば、心拍数を自らコントロールできる落ち着きのある人だ。

彼らは自分のことでさほど悩んでおらず、感情をコントロールできるため、何かに依存していない。だから、相手に常に興味を持つし、たくさんの意識が仕掛けられたモノを愛する傾向にある(これに関しては、後ほどたっぷり説明させていただく)。

逆に感情をコントロールできなかったり、何かに依存したりしやすい人は、日頃の鬱憤をクレームというカタチで大爆発させている。これを食らったときのダメージは半端ない（私もこの経験者である）。

つまり、**良客とは、自分で自分をコントロールでき、感情や行動に責任を持てる人であり、自分より外側に興味を持てる人である**（なぜか、このような方は比較的リッチな方が多い）。

良客だけを集めるテクニック2
「意識や工夫の集大成を細かく入れ込む（五つ星商売設計）」

私の妻はアートが大好きだ。彼女からさまざまなアートの世界を教えてもらった。彼女にどんなアートが好きなのかをと尋ねてみたところ、「たくさんの意識が散りばめられていて、彼らの意図が一見分かりづらいもの」と教えてくれた。

私は、この言葉によって大きな気づきを得た。

良客は一瞬でサービスを受け取り、価値を感じるよりも、時間をかけて何かを感じて、ゆっくり味わいたいのだ。それも、こちらから一方的に提示した価値ではなく、良客が勝手に価値を感じて咀嚼できるように。

要は、こういうことだ。

今まで私が考えていたビジネスは、事前に価値を提示していたが、良客はその提示された部分でないところに価値を感じている（自分で見つけて感じたい）。

「神は細部に宿る」という言葉の通り、良客は細かい部分をしっかり見ているし、感じ取っている。実際、生き残るレストランなどはこだわりの固まりだ。

つまり、意識や工夫の結果が、あちこちに散りばめられている。

たとえば、アップル製品などは、まさに意識や工夫の集大成だ。細かな部分まで行き届いた配慮がなされている(彼らの新製品リリースのプレゼンで使われているゴールデンサークルも含めて)。

私はアップルラバーで、もはやアップルなしでは生活できなくなっているが、彼らの製品に込められた想いや工夫のかたまりを、常に利用しながら感じ取れることが、このうえなく幸せだ。

かれこれ10年以上、アップルを愛用しているし、新製品を購入し続けている。

どうやら良客は、いっけん分からない深さやこだわり、魅力があるものを好むようだ。

おそらく誰かに教えられるよりも、自分で見つけたい欲求があるからだろう。自分で気づいて、その意識や意図を味わいたいのだ。

なので、彼らの目に留まったときには、どんどん味が出る商売設計にしていかなければならないし、意図が伝わるようにしなければいけない。

これは簡単なことではないが、確実に工夫をしていくべきことだ。すぐにできるヒントとしては、メリットを前面に押し出し過ぎず、あとで分かるようなモデルにしたほうが良い。たとえ、それが購入前だとしても。

たとえば、私の経営している会社のひとつでは、自己啓発のオーディオブックなどを販売しているが、この会社では広告はほぼ使わずに集客しており、同業者と比較しても遥かにホームページのデザインもシンプルにしている。

広告を使わない理由は、広告を使うと依存体質の人が集まりやすいと考えているからだ。誰かに何かをしてもらうことが当たり前になっている人には、当社のサービスは合わない(自己啓発の本質は、誰かに教えてもらうのではなく、自ら気づくことにある)。

だから、自ら行動でき、それを取りに行ける人にアプローチしてもらうよう、広告は使わないようにしている。ホームページの構成やデザインを刺激的にしないのもそのためだ。

その代わりに、彼らが私の会社の媒体を見て、吟味できるようにしてある。あえて、そうしているのだ。

すぐに分かるようにメリットを打ち出し、買わせようとすることを良客は嫌う。彼らは自分で探し当てたいのだ。その欲求を満たすべく、すぐに価値を提示せず、むしろ価値を隠しながらアピールする必要がある。

時間をかけて咀嚼してもらうとは、こういうことだ。


また、紹介は良客を集める最大の手段だ。これは前章でお伝えした通りだが、「類は友を呼ぶ」というように、良客のまわりには良客が多い。

実際、自社から見た特徴をアピールするより、自社のサービスを利用したお客様の声のほうが遥かに信憑性があり、インパクトもある。

だから、お客様が自社の商品を紹介できる仕組みをつくり、良い関係を構築し続けているのだ。

私の研究では富裕層やリッチな人は、広告などはあまり見ておらず、自ら取りに行こうとしている。つまり、広告を出さず、彼らの行動範囲のなかに、あなたのお金を絡めた創意工夫の仕組みを仕掛けることで、彼らのハートを鷲掴みできるのだ。

良客だけを集めるテクニック3「安売りしすぎない」

マーケティングを勉強したことがある方なら、一度は目にしたことがある公式が左記だろう。

●売上＝顧客数×販売回数×商品単価

実際その通りであり、単純にこれら一つひとつを最大化する工夫をすれば、あなたのビジネスの売上は上がることになる。

さらに言えば、もっとも簡単に売上を増やすのは「単価」を上げることだ。また、単価を上げると売上が上がるだけでなく、ラッキーなことに良客が集まるようになる。

安さをお客様の購入目的にすると、その商品の深さや意図より、当然ながら低価格を理由に購入する人が増える。この場合、商品の意図や意識を味わいながら、愛用はしてくれる可能性は極めて低い。

あなたは、近所のスーパーで「本日限定」と安売りしているキャベツを購入したとき、果たして、生産者の想いや農法を調べたり、感じたりして、そのキャベツを味わうだろうか。答えは「ノー」のはずだ。

逆に、調べて見つけた有機農法で、一生懸命に愛情深く育てられた有機キャベツは価値を感じ、その背景も味わいたくなるものだ。キャベツを食べながら、生産者や野菜への想い、そして、バックグラウンドも一緒に味わうに違いない。

良客は、こだわりや深さがあるものを求めている。そして、そうしたものを常に探している。


だから、商品やサービスに対するこだわりをお客様に届ければ良い。

もし、あなたが良客を集めたければ、高くても価値を感じてくれ、自ら価値に気づいてくれる良客を集めるために、安さを前面に出してはいけないのだ。

それよりも、あなたのこだわっていることを、もっとプッシュしなければいけない。こだわりが垣間見えるだけで、お客様はそのこだわりを味わいたくなるのだ。

私は年に1度だけ、ビジネス系の合宿をおこなっている。

売上を考えれば、たくさんの人に参加してもらうに越したことはないが、良客だけに来てもらいたいし、彼らと長期的な関係を築きたいので、こだわりを前面に出すようにしている。

たとえば、次のような表現を使い、事前に伝えているのだ。


私のセミナーが、他のプログラムよりも参加費が高額な理由は、セミナーでは参加者全員にうまくいってもらうために、私自身がフルに認識と想いのパワーをとことん使うからです。

よく頂戴する質問ですが、私自身が年に数回しか(今年は1回だけ)やらない理由は、一回一回のセミナーで最大の準備をし、本気で挑んでいるからです。

毎回、参加者がセミナーに参加する前から、参加した後の感情、思考、行動までイメージし、すべて逆算し尽くして、100パーセントの状態で挑んでいるのです。

私自身、マザーテレサの次の言葉をとても大事にしています。

「大切なのは、私たちがどれだけの行動をするかではなく、それをするのに、どれだけ愛を注いでいるかです。大切なのは、私たちがどれだけ与えるかではなく、それを与えることに、どれだけ愛を注いでいるかです」


与えることに愛を注入する場合、当たり前ですが、どうしても回数が限られてしまうのです。一回一回余裕を持って準備をしていくので、どうしても回数が限られてしまうのです。

私自身の潜在意識をフル活用して、参加者の潜在意識にもっとも響く内容、休憩エクササイズをとにかく意識してつくり込んでいるのです。


そう、「想いの量」が違うのです。

当たり前ですが、参加者がどんなに素晴らしくても、主催者が参加者に対し、「うまくいってほしい想い」がなければ、そのセミナーは良くない結果に終わります。

私自身が過去に800万円ほどセミナーに投資して思うことは、セミナーの良し悪しは「講師がどれだけ参加者に良くなってほしいと思っているか」にあります。

自分がよく見られたい想いが強かったり、いくら儲かるかだけしか考えていないセミナーに参加したりしても、ただ眠たい自慢話を聞いて一瞬やる気にはなっても何も変わらないのです。

ただの情報が整理されたセミナーを聞いて、「ああ良かったな」と頭だけが立派になって帰ることになるのです。

私自身、そのような状態だけは何がなんでも避けたいのです。かける想いとエネルギーと時間が違うことだけを理解しておいてください。

ポイントは、価格設定の背景となる部分をしっかり明記していることにある。この部分はお客様からは見えない部分だ。

たしかにこれを読んでも、お客様には何のメリットもないかもしれない。

だが、私が合宿をおこなう理由や真の意図を理解したうえで参加したいと思う良客だけを集めたいので、このように記載している。実際、このこだわりにより、毎年素晴らしいお客様だけが集まっている。

今の時代は、スマホの登場によってクリックひとつで自分の欲を満たせる時代になった。そして、クリックひとつで欲を満たせるサービスも増えた。

ネットで売れるものは、メリットがわかりやすく打ち出してあり、レビューや保証があり、お得そうなものだ。これが、いわゆるセオリーだ。

だが、それらに満足した人（飽きた人）たちは「こだわっているもの」に価値を感じるようになってきており、そのようなものを常に探し求めているように感じる。

その証拠にハンドメイドの通販サイトである「Ｅｔｓｙ（エッツィ）」なども利用者数が増えているという。

インターネットの発達により簡単にモノやサービスが手に入るようになったこの時代、たしかに生活が便利になったのは事実だが、購入したアイテムやサービスを味わい尽くす機会は減っているように思う。

味わう機会を提供するサービスもなくなっているのだ。簡単に手に入れたものほど味わう時間は少ないだろうし、その価値も感じられない。

良客は、このような一瞬で手に入るものに飽きてきている。

だからこそ、こだわりを打ち出して、一瞬ではなく、長期に渡って価値を感じ続けてもらえる（勝手に見つけ続けられる）サービスを提供していく必要がある。

あなたの商品やサービスにも、実は、あなたが忘れてしまっているようなこだわりがあるはずだ。それを一度思い出していただきたい。そして、そのこだわりをあえて前面に打ち出すことで、それを味わいたい良客が集まってくるのだ。

こだわりを味わえる仕組みを用意しよう。自ら味わいたい良客のためにも。


以上が、私が意識的におこなっている良客を集めるテクニックだ。

いつの時代も、お客様を集めようと必死になる企業は少なくないが、いつの時代も良客は存在し、彼らは味がある「本物」を探している。

時間とともに深みが増し、味が出る商品やサービスは多くないし、それを提供しようとする企業も多くない。

だから私は、ガムシャラに集めることをやめ、良客だけを集めることにしている。

働かなくて良いのはもちろんだが、やりがいを感じられるし、良客によって必ず何かしらのカタチで返ってくるからだ。

ぜひ、あなたも良客が味わいたくなるような、彼らを長期的に満足させる仕組みをつくっていただきたい。彼らに出会うことで、あなたは働かなくなるだけでなく、大きく成長できる。

そして、ストレスから解放された毎日をエンジョイできるといううれしいオマケも付いてくるのだ。

【究極】働かない働き方を実現させるステップ

本書もそろそろ終わりに近づいてきた。最後にまとめに入りたい。「働かない働き方」を実現するためのステップである。

STEP1

何はさておき「働かない働き方」を実践すると決める。これが最初の一歩だ。

そして、この働き方こそが「自他ともに幸せにできる最高の手段」と確信する。

あなたがこの働き方に対して確信を持てないと何もはじまらない。少しでも罪悪感があると実現は難しくなる。

だからまずは働かないと決めること。そのうえで、この「働かない働き方」こそが、自分も他人もハッピーにすると確信すること。

この強い決断が、あなたが無意識でおこなってしまっている無駄な行動（思考も含めて）を明確にしてくれる。
毎日から無駄を排除できるようになるのだ。

ここまでお伝えさせていただいた通り、極力働かないけれど働いてしまっている状態をつくることで、あなたはゴキゲンになり、そして、世の中や世界にもたっぷり貢献できるようになる。

時間的なゆとりが精神的なゆとりを生み、そのゆとりが「誰かを思いやる」という、人として幸せに生きるための大事な行為をあなたにもたらしてくれる。

これが自然にできるようになると、あなたの毎日はさらに濃密になり、そして、私たち現代人が実はもっと欲している、誰かとの深い繋がりを感じ取れるようになるだろう。

STEP2

自分が毎日している行動（無意識でおこなっている行動も含めて）をすべて書き

出してみる。

まずは仕事上での自分の業務をすべて書き出し、その後、「生活」「人間関係」などにカテゴリ分けしていくと、この後のエクササイズでスッキリしやすい。

そして、そのあなたがしている行動（ここでは仕事なので「働きリスト」としておく）が、果たして何を生み出しているのか。これを冷静に書き出してみる。

私の場合なら、次のようになる。


【働きリスト】

複数のメールチェック。


【生み出しているもの】

カオスな脳。クリエイティブでない自分（人と会っているときには会話に集中できない自分）。

【働きリスト】

時間つぶしのグーグル検索。

【生み出しているもの】

とくにない。

【働きリスト】

目的や準備のない会議。

【生み出しているもの】

とくにない。むしろ怠慢な空気感。

STEP3

STEP2で洗い出した「あなたが働いてしまっていること」のなかから、自分も他人もハッピーにできていないことを排除できないかを考える。

自分ひとりで判断できないことについては、上司に低いテンションで伝えることを真面目に検討する。

「あのー、非常に伝えづらいのですが、私なりにもっと会社に貢献できないか考えてみたところ、現状お仕事させていただいている●●よりも■■をおこなったほうが、おそらく△△さんのお仕事も楽になって、会社にも貢献できると思うのですがいかがでしょうか」

などと、会社と上司のメリットになることを伝えれば、少しは聞く耳を持ってもらえるかもしれない。

また、あなたが経営者や個人事業主であれば、自分も他人もハッピーにできていないことは即やめるべきだ。

やめたことによりできたエネルギーと意識と時間を別のことに使おう。

STEP4

ここではＳＴＥＰ２で書き出したリストのなかから、自分はあまり頑張っていない（あまり働いていない）けれど、半端なく自分も他人も幸せにしているものをピックアップしてみよう。

もし、そうしたものがまったく見つからない場合は、潜在意識や口コミなど、実はものすごくパワーのある「宝物」を、どうやったら味方につけられるかを必死に考えてみよう。

「働かないけど働いてしますものリスト」を書き出してみたり、探してみたりするのもアリだ。左記は、私の「働かないけど働いてしますものリスト」である。

【働かないけど働いてしますものリスト】

リスト1「公園やカフェでの会議」（場所を変えること）

会議は必ずしもオフィスでしなければならないものではない。開放的な空間ですべきだ。なぜなら、全員のテンションやコンディショニングが良くなるからだ。

私は家族会議も家ではなく、お気に入りのカフェか公園ですることにしている。これにより、お互いのテンションとコンディションは良好だ。

リスト2「アップル製品」

私はスマホ1台で打ち合わせから収録、執筆、買い物、タクシーの予約、ナビ、スケジュール管理、スキャン（コピー）などをすべておこなっている。もはや、これなしでは生活できないだろう。

アイデアをすぐに実現できるようになったのは、このスマホの影響が大きい。エバーノートはもちろん、Ｇｏｏｇｌｅカレンダーとリマインダー機能、ＶＰＮ、瞑想なども、スマホひとつでバッチリだ。

最近はＡｉｒＰｏｄｓのおかげで、軽い運動や散歩をしながらでもＳｋｙｐｅ会議が可能になった。Ａｐｐｌｅ Ｗａｔｃｈももちろん愛用していて、ストップウォッチや心拍数チェック、音声録音など、働かないための工夫を常にしている。

リスト3「Ｇｏｏｇｌｅアラート」

これは、Ｇｏｏｇｌｅの無料サービスのひとつだ。自分が指定したキーワードを入力しておくと、Ｇｏｏｇｌｅが1日1回、そのキーワードにマッチした記事などのＵＲＬをメールボックスに自動で送ってくれる。

気になる言葉（トピック）に関する情報を集めてくれるので、これを毎日見ることで理解を深めることができる。

リスト4「コンシェルジュサービス」

私は、旅行代理店並みにチケットを予約するので（家族なども含めて）、コンシェルジュサービスをよく使う。

とくにアメリカンエクスプレスのプラチナカードに付随するコンシェルジュサービスと、私がこよなく愛しているハイアットグループのグローバリスト会員になると付随するコンシェルジュサービスは、メールですべて丸投げできる素晴らしいサービスだ。

電話は待つ時間が必ず発生するが、メールで「5W1H」と「目的」をしっかり伝えておくことで時間の大幅な短縮が可能になる。

移動が多い私は、このバーチャルコンシェルジュにお願いメールを出し、徹底的に働かないようにしているのだ。

リスト5「空腹とＢＨＢ」

私は意図的にケトン体を出すために最近、ＢＨＢ（ベータヒドロキシル酢酸）をマメに摂取している。ケトン体の説明は割愛するが（私より詳しい専門家が書籍を出しているのでそちらを参考にしてほしい）、これにより、脳の働きが良くなり、かなり高速で情報処理できるだけでなく、スッキリした状態をキープできる。

ちなみに、私はケトスポーツ社のＢＨＢを愛用している。本書を執筆中の今も愛用しているのは言うまでもない。

リスト6「年配の方との時間」

人生を意識的に生きている方の話は「何が人生において大切か」をいつも想起させてくれる。私はある意味、セコイのかもしれないが、人と会ったときに、その人の失敗談を聞くようにしている。

なぜなら、うまくいく方法を学ぶ以上に「こうすると失敗する」（結果、働かなければならない）ということを予習できることになるからだ。

自分が失敗を回避できるようになるだけでなく、私が真剣に聞くことで、先輩方もニコニコとうれしそうに語ってくれる。自分の力で人生をつくってきた人にとって、人生を語るほど楽しいことはないようだ。

これはお互いにとって最高の時間である。私はいつもこの時間のおかげで失敗を限りなく減らし、最高の未来にワープしているのだ。偉大な先輩方に感謝しなければならない。

リスト7「質の高いコミュニケーション」

アインシュタインは、20世紀最大の発明を「複利」と言ったそうだが、私にとっての最大の発明は「質の高いコミュニケーション」である。

質の高いコミュニケーションは、お互いのパフォーマンスを上げてくれるため、働いているつもりはなくとも、自然に働きたくなってしまう。

私の場合なら、妻や息子はもちろん、社員やチームメンバーとコミュニケーションを取るだけで俄然やる気になり、アイデアが湯水のように湧いて、動きたくて仕方がなくなってしまう。

そして、このコミュニケーションによって、「チームの意識」（潜在意識）は、そのプロジェクトにフォーカスされ、最高の結果をもたらしてくれるのだ。

以上のSETP1～4までをまずは試していただきたい。これでわかったと思うが「働かない働き方」を実現するのはさほど難しくないのだ。

1　無駄に働いてしまっているものを見つけて取り除くこと
2　あまり働いていないけれど働いているものを見つけ、積極的に取り入れること

このふたつを意識すれば良い。

そして、たとえ今すぐ出てこなくても安心してほしい。総合的な評価システムのなかで育った私たちは、このような書籍を読むと、すぐに完璧にやらないといけない気になってしまう。

だが、大事なのは、あなたの「意識」という「働かない働き方」を実現してくれる最大のキーマンを使うことだ。

本書を読んだことで、少なくともあなたの脳には「意識」されたはずだ。つまり、これからの時間のなかで自然に見つけ出してくれるようになる。

あなたがすべきことは「働かない働き方」という新しい働き方を実現すると決めること。そして、そのヒントを毎日のなかから見つけ出すことだけだ。

最後に、少しだけ私自身のことをシェアさせていただく。

私自身は、週21時間しか働かない工夫をしている。基本は午前中のみ。あとは、ときどき夜にＳｋｙｐｅやＺＯＯＭなどのオンラインでのコミュニケーションツールで会議するのみだ。

それ以外の時間は、自分の外側にあるものをとことん味わって、研究している。究極に格好つけて言えば、地球を探検している。探検なので、何かを探しに出かけているということだ。

この瞬間は、自分のことは一切考えず、地球という大きな惑星から自分なりに新しい何かを学んでいる。最近は、息子の成長を研究し、味わっている。

自分にない世界に触れることは、このうえなく幸せなことだ。

私にとってこの時間があることで、世界観は日々広がり、新しい何かに気づき、多くの人に伝えられる想いが増え、表現も増え、言葉も増える。

だから、働く量をあえて設定しているのだ。見方を変えると、もしかしたら冒険している時間も働いているのかもしれない。

「そんなに仕事ができるのだから、もっと働いて世の中に貢献すれば良いのに」。ときおり、このようなアドバイスを頂戴することもある。

だが、もし私が毎日10時間働いたとしても、今ほど世の中に貢献できないだろうし、働く行為が「義務感」になりかねない。

こうなると毎日から得られる気づきの量も減り、溜まったストレスを発散するためのアイデアを優先させる毎日になる。これは、エコな働き方ではない。

私は、働いて何かを生み出すが、同時に不要なゴミは生み出したくない。

この週21時間だけ働くライフスタイルは、一見、個人の幸せをとことん追求した自由な働き方と思われるが、そんなことはない。最大限に社会に貢献できる働き方だ。

限られた時間をあらかじめ自分で設定するからこそ、「働くこと」と「働かないこと」が見えてくるのだ。

そして、そのあなたにしかできない「働くこと」を、最大限に極めることで最大限に貢献できるようになる。

この貢献できる対象は、仕事先だけではない。働く時間を減らすことで、もっとも貢献できているのは家族だ。家族と時間を長く過ごせることで、家族全体が常にハッピーでいられる。

冒頭でもお伝えしたが、時間的なゆとりがあることで、地球を一緒に探検したりできる。私たち家族のそんな姿は、知らず知らずに見知らぬ人にも良い影響を与えてしまっているようだ。

家族で仲良く微笑ましく過ごしている姿は、いつ誰が見ても微笑ましく、幸せなシーンだからかもしれない。

私は、このシーンをさりげなく、自分が思っている以上に世の中に与えているようだ。つまり、私は働かないでも働いて世界に貢献してしまっている。

今の時代は、チャンスだらけだ。インターネットの登場で簡単に仕事を見つけて働くことができる。

こんな時代だからこそ、必要以上に働かないことだ。働かないと決めることで、働くこと以外で、大事なものや重要なことを得られるようになる。このことは多くの働いている人の盲点のはずだ。

だから、普通に働いているだけでは決して得ることのできない財産を得る人が増えれば、それまでとは違ったもっとおもしろい世界になるのではないかと、私は考えている。

本書が少しでも新しい働き方のキッカケになればと祈っている。

あとがき

本書を執筆した目的は、働くことについて今一度じっくり考えてもらうこと、そして、「働かない働き方」を手に入れてもらうことだ。

難しく感じたところもあるかもしれないが、何かを見たときに、すぐに吸収して、自分なりにカスタマイズして実践することが楽しみな人にとっては、それなりにお役に立てたのではないかと自負している。

ただ、その一方で、まったく関係のない世界の話と感じた人もいるもしれない。

人によって解釈や見えているものは異なるため、こうしたことはよくある現象だが、本書を通して期待を超えるアイデアや感情、知識をシェアできなかったとしたらお詫びしたい。

だがひとつ言えることは、本書に時間とエネルギーを割いたことで、あなたの意識は少なからず動いた。つまり、本書のテーマである「働からない働き方」を一瞬でも意識したことは間違いない。

意識すること。すべてはここからはじまる。

たとえば、車を購入したいと思うと、街で車を見かける機会が増えるように、意識した瞬間から日々のなかで見えるもの、気づけるものは変わっていく。

これが私たちの意識の仕組みであり、それこそが本書のテーマである「働いていないけど働いている状態」でもある。

実はこの世界には「働いていないけれど働いているもの」が想像以上に存在する。

本書で紹介した意識や潜在意識もまさにその例だ。もしかしたら、意識や潜在意識は、この世に存在する「働かないけど働いているもの」のなかで、もっともパワフルな武器かもしれない。

もちろん、あなたもこの最強のツールをすでに持っている。

そして、あなたは本書を手に取り、ここに綴られた文字を読んだことで、このツールを無意識に活用した。今この瞬間は、あなたが求めている答えやアイデアが引き寄せられていなくても、必ず時間差でやってくる。

だから安心して、これからの時間のなかで、本書で提案している働き方を意識していただきたい。

かつての時代と違い、今は仕事を自由に選べるし、インターネットの登場によって仕事の幅も広がっている。しかし、だからこそ、私たちは自分の仕事について悩むようになってしまったとも言える。

選択肢がたくさんあり過ぎるからに他ならないが、悪いことではなく、本当に自分の才能を活かせる、そして力発揮できる仕事に就ける可能性が高まったということだ。

ただ、これだけさまざまな仕事が存在することで、働くという行為を見つめ直すことが減っているのも事実だ。

見つめ直すために大切なのは、あなただけの働き方を常に追求することだ。あなたにとって働くとは、

・どのような行為で、それによって何を得るのか？
・世の中にどんなインパクトを与えるのか？
・人生のなかでどんな位置付けなのか？
・どうすれば、あなたらしく働けてパフォーマンスを最大限に発揮できるのか？

こうしたことを少しでも良いので意識していただきたい。この意識する行為は誰にも外注できず、代替えできない。そう、あなたにだけしかできないことなのだ。

この先はテクノロジーの発達によって、さらに世界は急速的に変わっていくに違いない。Ｇｏｏｇｌｅなどの誕生が想像できなかったように、今は想像もできないビジネスが世界を大きく変えていくだろう。

だが、どれだけ世界が変わろうと「人が働く」という行為は変わらない。おそらく今後もずっとだ。

だから、ぜひ本書を通して、あなたの人生で大きな土台となり、人生の宝となる「働くという行為」をまずは見直していただきたい。あなたの働くという行為は、あなたが意識して向き合っていかなければ、アップデートされることはないのだから。

そして、あなたなりの「働かない働き方」を追求してもらえれば、著者としてこれ以上の幸せはない。

河本真

◎著者プロフィール

河本真(SHIN KAWAMOTO)

1988年、神奈川県相模原市生まれ。1日 3時間だけ働く数社の経営者 &オーナー。学生時代に違和感を感じ、起業し、仕組み化に成功。現在は、ハワイとカナダをメインで家族で世界中を回るライフスタイルを満喫中。何社経営しようが、働く時間は週 21時間までがポリシー。アウトバウンド支援事業、機能性アパレルの通信販売事業、起業支援事業、男性向け精力増強スクール事業など多岐にわたるニッチなジャンルで独特のビジネスセンスをもとに働かないで働く仕組みを構築。グループ会社には、国内初のドローンなどの最新テクノロジーを駆使した日本一エキサイティングな PV制作会社や、少ないアクセスでも爆発的な反応率を叩き出すエナジーライティングを指導するオンラインスクール会社、スピリチュアルグッズ販売会社、日本人に愛とエナジーを届ける移動販売プロテインショップなどがある。独自の「ゴキゲン主義」をもとにセンス良く、とにかくゴキゲンなライフスタイル(ゴキゲンな自己満足の副産物としての結果、人に貢献して喜んでしまう循環や仕組み)を楽しむ人が世界中に増えるよう、さまざまな角度とアプローチで日々活動中。

YouTubeのチャンネル登録者数は 10000人を超え、累計 360万再生をされ、日々多くの方にインスピレーションを与えている。

・YouTube
https://www.youtube.com/user/SHINKAWAMOTO

世界中で過ごすゴキゲンスポットを日々配信するインスタグラムのフォロワーも 1 万人を超える。

・Instagram
https://www.instagram.com/mrmuchi

働かない働き方。

発行日　　2019年1月11日　第1刷発行

定　価　　本体1500円+税

著　者　　河本真

デザイン　涼木秋

発行人　　菊池 学
発　行　　株式会社パブラボ
〒101-0021　東京都千代田区外神田2-1-6宝生ビル
TEL 03-5298-2280　FAX 03-5298-2285

発　売　　株式会社星雲社
〒112-0005　東京都文京区水道1-3-30
TEL 03-3868-3275

印刷・製本　株式会社シナノパブリッシングプレス

ISBN 978-4-434-25510-6